中国房地产调控
政策研究

仇保兴 等 著

中国建筑工业出版社

图书在版编目（CIP）数据

中国房地产调控政策研究／仇保兴等著.—北京：
中国建筑工业出版社，2019.10
ISBN 978-7-112-23925-2

Ⅰ.①房… Ⅱ.①仇… Ⅲ.①房地产市场-研究-中国 Ⅳ.①F299.233.5

中国版本图书馆CIP数据核字（2019）第129972号

2016年底的中央经济工作会议首次提出，"房子是用来住的，不是用来炒的"，紧接着在2017年的政府工作报告中将这一方针进一步细化成了政策逻辑。

本书基于提高房地产调控机制韧性、降低房地产市场系统性风险，从以下九个章节展开论述并结合我国实际情况给出政策建议：我国房地产市场调控长效机制初探、从房地产短期政策的实施到长效调控机制的建立、货币视角下的房地产长效机制、房地产长效机制财税政策分析和建议、公共投资机制对稳定房地产市场的作用、REITs对培育租赁市场的意义及发展路径探讨、供需错配：土地供给对城市房价的影响、城市土地和空间分层出让模式、以保障型合作建房模式促进建房效率和住房公平等。

责任编辑：吴宇江 朱晓瑜
版式设计：锋尚设计
责任校对：芦欣甜

中国房地产调控政策研究
仇保兴 等 著

*

中国建筑工业出版社出版、发行（北京海淀三里河路9号）
各地新华书店、建筑书店经销
北京锋尚制版有限公司制版
北京中科印刷有限公司印刷

*

开本：787毫米×1092毫米 1/16 印张：12¾ 字数：231千字
2021年1月第一版 2021年1月第一次印刷
定价：52.00元
ISBN 978-7-112-23925-2
（34223）

版权所有 翻印必究
如有印装质量问题，可寄本社图书出版中心退换
（邮政编码100037）

本书编制组成员

编委会主任： 仇保兴

课题编制组成员：

周伟林　赵燕菁　刘　彪　潘艾敏　陈　勇

陆　铭　叶　青　方　敏　况伟大　邹　澜

伍　戈　李东红　刘大漳　李　娜　杨可扬

本书主要撰稿人：

仇保兴　周伟林　赵燕菁　刘　彪　潘艾敏

陈　勇　陆　铭　叶　青　方　敏

前　言

2016年底的中央经济工作会议首次提出，"房子是用来住的，不是用来炒的"，2017年的政府工作报告中，则将这一方针进一步细化成了政策逻辑。但当前我国部分城市过度依靠行政手段调控房价，出现了诸如：二手房价格倒挂、发房票、三四线城市房价剧烈变动、鬼城频现等现象。在尊重国情的前提下，完善房地产调控长效机制，对于抑制房地产泡沫、降低金融系统风险（尤其是当前中美贸易摩擦时期，防止其引发系统性金融风险）具有至关重要的意义。

房地产行业是一个十分复杂的行业，关乎经济，关乎金融，更关乎民生，直接影响社会和谐稳定。仅从经济层面上看，就涉及财税制度、金融制度、土地制度和住房制度等国家政策，包含了基建、材料、物流、运营、销售、物业等数个子产业形成的产业生态圈。如果只取其中一个点或者一个环节进行研究，我们所得到的结论都将是单调且片面的。纵观全球各个经济体的发展史，房地产在每个经济体都曾经或正在起着至关重要的作用，无论是正向还是负向，影响都十分巨大，它可以带来10年、20年，甚至30年的黄金发展期，也能像20世纪90年代初的日本、2008年的美国，在瞬间将一切化为乌有。房地产行业之所以能具有如此大的影响力与杀伤力，与其行业特点（投资规模巨大、资金成本高、建设周期长、买涨不买跌等）有着密不可分的关系。现代城市面临的风险大多难以预测，尤其涉及城市每个市民生活和经济社会方方面面的房地产市场，内外部干扰因素众多，潜在的风险也更难预测。初步研究表明：现阶段我国城市应通过增强自身的市场组织结构弹性，提高韧性，来应对不确定性的威胁。否则，盲目沿用传统的调控模式，可能会使房地产市场陷入"越调越险"的境地。

房地产调控长效机制的建立和完善是一项政策性、综合性、民生性很强的工作，需要综合运用金融、土地、财税、投资、立法等手段，遏制投机、稳定房价，促进房地产市场平稳健康发展。与限购、限售等短期调控政策相比，长效机制能够从长远角度出发，系统性地保障房地产市场运行秩序，因此，长效机制必须是可操作与可持续的。

本书的编写遵循理论联系实际的原则，以我国的相关法律、法规为基础，探讨我国房地产市场在当前的时代背景下如何做到长期平稳发展。在对国内、外案例进行理论与实践分析的同时，特别注意分析了房地产作为金融工具及金融衍生品在制造资产泡沫过程中的利害关系，及其对整个金融系统的威胁。

房地产调控长效机制需要有足够韧性、减少环境扰动、减弱房地产的投机与投资属性、降低金融杠杆等，这也是增强系统韧性的长久之策。而抵御系统结构的脆弱性，要靠增加低收入者住房供给渠道、明确调控目标与责任、丰富调控主体工具手段等。面对各种因素纠结在一起的高复杂性难题，要增强系统韧性，强化调控主体的灵活性、适应性和协调性，使地方政府逐步摆脱房地产投资和土地财政依赖症。

建立和完善房地产调控长效机制，更需要坚持党中央提出的房地产市场健康发展的根本宗旨："让居者有其屋"，真正让住房满足老百姓的居住功能，从而逐渐降低其作为投资或者投机品的功能，最大程度上减弱它的金融资产属性。唯如此，资产泡沫才会逐渐缩小，同时让老百姓资产能够基本保值，这关系到持续扩大中产阶层的长期目标。

房地产调控长效机制不存在简单的答案，在我国的房地产调控工作中，长效机制的形成是一个长期不断完善的过程，探索可靠的长效机制需要政府和社会各界合作、共同努力完成。

目 录

前言

第1章 我国房地产市场调控长效机制初探
——基于复杂适应理论（CAS）和弹性城市视角 　1

1.1 "理论维度"
——以复杂适应理论和弹性城市来分析房地产市场 　2

1.2 "经验维度"
——应充分汲取国内外房地产市场崩溃的经验教训 　5

1.3 "问题维度"
——从问题导向来看我国房地产市场呈现的多种脆弱性 　7

1.4 基于"反脆弱"思路的我国房地产市场长效机制初探 　10

1.5 我国"房地产市场调控"长效机制编制纲要的原则要点 　13

1.6 本章小结 　14

第2章 从房地产短期政策的实施到长效调控机制的建立 　16

2.1 研究背景和研究问题 　17

2.2 我国房地产调控政策基本路径分析 　17

2.3 中国房地产价格长期上涨的原因分析 　26

2.4 长效机制的建立 　30

2.5 本章小结 　37

第3章 货币视角下的房地产长效机制 　39

3.1 分工模式：集体主义与自由主义 　40

3.2 市场经济模式的崛起 　45

3.3 解释中国经济的增长 　50

3.4 住房机制和货币生成	55
3.5 信用消失的经济后果	60
3.6 "泡沫"的双重功用	63
3.7 多重贴现率	65
3.8 中美贸易战背景下的房地产调控	
——基于货币史学的视角	67
3.9 政策与建议	80
3.10 本章小结	89

第4章 房地产长效机制财税政策分析和建议 — 90
4.1 国内外房地产税收实践与分析 — 91
4.2 政策与建议 — 95

第5章 公共投资机制对稳定房地产市场的作用 — 98
5.1 完善政府公共投资的国际经验 — 99
5.2 我国目前存在的问题 — 107
5.3 政策与建议 — 110

第6章 REITs对培育租赁市场的意义及发展路径探讨 — 113
6.1 REITs概述 — 114
6.2 REITs对房地产市场的意义 — 119
6.3 REITs发展模式探讨 — 121
6.4 发展路径建议 — 124
6.5 本章小结 — 128

第7章 供需错配：土地供给对城市房价的影响 129
7.1 研究背景 130
7.2 政策背景、数据和识别研究 133
7.3 土地供给与城市房价间关系 141
7.4 结论与建议 155

第8章 城市土地和空间分层出让模式 156
8.1 土地出让制度的背景 157
8.2 现行主要土地宏观调控政策 158
8.3 城市土地和空间分层出让方式存在的问题 161
8.4 城市土地和空间分层出让模式 162
8.5 城市土地和空间分层出让优点 164

第9章 以保障型合作建房模式促进建房效率和住房公平 165
9.1 现行保障房建设政策失效分析 166
9.2 我国保障房建设存在的弊端 167
9.3 国外合作建房的经验和启示 173
9.4 我国发展合作建房的难点分析 177
9.5 构建合作建房体系的政策与建议 181
9.6 本章小结 188

参考文献 189
后记 193

我国房地产市场调控长效机制初探
——基于复杂适应理论（CAS）和弹性城市视角

第1章

本章作者：仇保兴

探讨我国房地产市场调控长效机制的研究文献众多，但普遍存在研究深度不足、结论分歧严重、可操作性较差等问题。这一方面是因为此类长效机制的建立涉及学科众多，又缺乏合理的分析工具，另一方面是不顾国情盲目照搬西方的调控模式之故。本章的副标题为"基于复杂适应理论（CAS）和弹性城市视角"，就是为更好地分析我国房地产市场而引入的两个新理论工具。复杂适应理论（Complex Adaptive System，CAS）即第三代的系统理论，而弹性城市（Resilient City）是近些年风行全球的新概念，指的是"城市从灾难和变化中恢复或适应的能力"，现代城市面临的风险大多都难以预测，尤其是涉及城市每个市民生活和经济社会方方面面的房地产市场，内外部干扰众多、潜在的风险也更难预测。初步的研究表明：现阶段我国城市应通过增强自身的组织结构弹性来适应这类不确定性的威胁，并防止系统脆弱性增长，否则，盲目沿用传统的调控模式，可能会使房地产市场陷入"越调越险"的境地。

本书创新性地从"理论""经验"和"问题"三种维度来分析我国房地产市场作为复杂巨系统的多种基本特性和各种"脆弱性"，最后形成基于"反脆弱"思路的我国房地产市场长效机制的基本原则和"纲要"编制要点。

作者简介

经济学、城市规划学博士，现任国务院参事、国际水协（IWA）中国委员会主席、中国城市科学研究会理事长，兼任同济大学、中国人民大学、浙江大学、天津大学和中国社会科学院博士生导师。曾在浙江省先后任乐清、金华和杭州三个城市党政主要负责人近18年。曾作为访问学者赴哈佛大学参与有关项目研究。在任住房城乡建设部副部长期间分管城市规划、建设工作13年，同期兼任国务院汶川地震灾后重建协调小组副组长，国家水体污染治理重大专项第一行政责任人。30多篇咨询报告获得国务院总理批示。多次获得联合国教科文组织、国际绿色建筑协会和国际水协奖项。多部著作被英国、德国、意大利等国出版社翻译出版发行。

1.1 "理论维度"
——以复杂适应理论和弹性城市来分析房地产市场

作为最新一代的系统理论"复杂适应理论"(CAS)的核心思想,跟以前的"老三论"(控制论、信息论、一般系统论)、"新三论"(耗散结构、突变论、协同论)有重大的区别。CAS核心概念就是主体对外界的适应性、对外界的反应能力,以及这种反应能力涌现产生的新结构决定了系统演进的方向和潜在的风险,系统或崩溃,或持续成长。

新老三论尽管非常成熟,但是基本上不能阐释构成系统"主体"的能动性和适应性对结构演变的影响。一、二代系统论重视结构演化规律的描述,但是它们对于系统主体的能动作用、对外界的适应程度其实较少刻画。因而第三代系统论自20世纪90年代提出来以后就迅速风靡世界。用CAS理论来描述任何一个复杂多变、不确定性占主导地位的系统,可以得出很多意想不到的结果。如把城市房地产市场看成是一个复杂适应系统的话,它具有明显的"非线性":城市中主体之间存在着混沌的相互作用关系。农村是一个熟人社会,但是城市却是陌生人随机交往的场所,房地产市场上各种交易混杂、频繁、多样化地发生,完全脱离了成比例的供求线性关系。又比如现代城市分析讲究"流",各种各样的资金、能源、信息、物资流在系统市场网络中快速流动,它们之间的相互作用、产生的是无可预知的涌现效应,各类风险潜伏或爆发都与这些"潜流"密不可分。此外,"多样性"更是现代城市繁荣发展的基石,房地产市场也因为参与者的不断增加和买卖形势不断分化,必然会演化出日益丰富的多样性。"标识"也在市场中扮演重要的角色,比如要解决市民住房问题,国外政府首先的关注点往往是"社会房产",而对一般的商品房产不太关注,政府往往重视市场机制失效的低收入阶层住房问题。另外一类是绿色房产,这也是政府必须从可持续发展角度加以关注的"特殊标识"房产。又比如"积木",指的是城市系统中每一个组团、小区都可以被看成是可拆解的"子系统"——积木,众多积木的组合可用集聚模型来描述。以上这些都是CAS分析的基本工具。

弹性城市(Resilient City),主要是指城市作为复杂系统面临各种各样的内外复杂风险或突变因素时能维持和恢复主要功能的城市。一般来说,城市复杂系统应对难以预料的风险和外部的干扰时会表现出三种力量,就是三种内在的强健因素:一是"维持力",指外部的干扰来了系统能够维持,保持原来的功能、结构持续运行的能力;二是"恢复力",指外部的干扰能量巨大,超过系统维持能力,造成系统崩溃之后恢复原有的结构与功能的能力;三是"转型力",是指系统不仅恢复功能而且还能通过学习这种灾害给系统造成一些破坏的影响,自觉转型提升、优化结构,使系统更加强健,即"学习适应力"。由此可见,如果一个系统有维持能力、恢复能力,而且在灾害发生之后有学习和转型能力,这样的系统就具有强健性、弹性的特征。

房地产市场的脆弱性与现代资本市场的不稳定性相互交织强化的特征可表述如下:

首先,由商业银行、证券公司、金融衍生品等构成的现代金融体系能够创造无限的私人信贷、货币和购买力(除非刻意去限制)。但受民众追捧的城市宜居地段的房产供给却因"地理垄断",供给是极为有限的。高度弹性的货币信用支付能力与无弹性的城市黄金地段房产供给之间相互作用,使城市土地的价格十分不确定:例如2015年伦敦房产价格是1990年的3倍①,而日本东京的土地价格约只有1990年时的1/4[1]。

其次,随着现代经济体系的发展,拥有大量投资能力的中产阶层的兴起,房地产自然会成为有产者的首选,因而各种金融工具及其衍生产品会富集到房地产业上来,这就不可避免地会出现金融密集化的长期趋势。数据显示:1998年全球金融衍生品名义价值存量约为80.3万亿美元,总市值(衍生品交易的实际市场价值)为3.23万亿美元。而到了2007年末,前者上升为630万亿美元,为同年全球GDP总量的11.81倍。到2008年上半年,此数字更高达766万亿美元。在这类迅速膨胀的资产泡沫引导下,过度消费甚至大规模透支住房消费就成了金融密集化的另一脆弱性趋势。

再次,工业革命以来,全球人口向大城市集中的趋势从未停止过,从而引发这些城市房地产和土地价格的不断上升,这已经成为财富/收入比不断上升的主要因素。法国经济学家托马斯·皮凯蒂在《21世纪资本论》[2]中对此有详细的描述。随着财富越来越向少数人集中,意味着同等比率的经济波动对广大低收入者的影响会越来越大。于是无论是全球经济趋势还是资产价格的波动,都会导致全社会消费和投资支出变化出现加剧的趋势。因而,即使经济体中既无债务、又无杠杆,财富/收入比越高的经济体房地产市场也会越来越不稳定。更为重要的是,某一金融活动的风险不仅存在于金融交易双

---

① 劳埃德银行集团,Halifax房地产价格指数,历史房地产价格数据(www.lloydsbankinggroup.com/media/economic-insights)。

方，还会通过价格波动、债权债务关系、担保链条等渠道传导到整个金融体系、实体经济乃至国际金融市场。2008年始于美国的房地产危机正是因为这一"传导机制"引发了国际金融市场的大海啸。

最后，由于摩尔定律的长期影响，融合了信息和通信技术的资本品的价格出现了持续下降的趋势，相对应的房地产和城市基础设施投资在所有资本投资中的占比必然上升。同理，住房抵押贷款在总债务中的份额也肯定会持续上升。这意味着房地产业的杠杆率也会相应上升，从而加剧债务合约所暗藏的违约风险。美国经济学家迈恩和苏菲运用美国特定的县抵押贷款和房产价值的相对数据，阐明了债务杠杆对房地产市场及经济趋势的作用机制，并得出四条重要结论：

第一，2007~2008年危机前后，美国房价涨跌幅度最大的城市是那些人口密度大和分区规划（Zoning）限制而最难扩大住房供给的城市。这说明了土地供给缺乏弹性所造成的影响。

第二，家庭部门杠杆率最高（因此净值缩水也最严重）的县，往往也是2008年危机后消费支出急剧下降的县。

第三，在上述这些县中，本地导向型产业（如商店、汽车中介、酒店）就业率下降最为严重。

第四，企业投资之所以减少，其原因并非信贷供给受到限制，而是家庭部门消费支出减少，导致产品和服务需求相应萎缩。

以上四条结论还蕴含着简单却又至关重要的启示：当发生房地产市场危机时，仅有健全的银行体系，不足以抵御风险和修复经济。

传统应对灾害和风险的办法是必须编制灾害处置预案，其实预案仅仅适用确定性、经常性的灾害。但是面对现代金融、房地产市场风险，我们编的预案一般都难以奏效。正如《黑天鹅》[3]作者纳西姆·尼古拉斯·堪勒布在其书中所说的那样："黑天鹅总是从意想不到的地方飞过来。"人们不可能预知何种"黑天鹅"从何方向飞过来。面对这类风险，也就是说绝大多数的灾害和风险，如何应对？就要从增强或保持系统的强健、韧性来解决。李克强总理曾在全国人民代表大会上说道：尽管外国人有些人经常唱衰中国、唱崩溃中国，但是中国经济社会总是在持续发展，而且越来越强健，原因就是我国社会经济系统有外界意想不到的韧性。房地产市场更是如此，如果说人们仅考虑怎么对其精巧调控，却忽视了此类系统会因错误的调控变得很脆弱的话，反而会导致系统不稳定而可能步入崩溃。

本书引入弹性城市和CAS理论，用这两大新工具描述并为建立房地产市场调控的长效机制服务，应是一种开创性的基础工作。

1.2 "经验维度"
——应充分汲取国内外房地产市场崩溃的经验教训

在众多国内外房地产市场崩溃的教训中，有两个最值得我们重视：一是日本；另一个是海南房地产市场的教训。日本在20世纪50～80年代期间，充分运用宽松货币政策带动大规模投资，实现经济快速增长。1985～1989年间，该国国内银行信贷规模增长65%（其中房地产贷款规模增长4倍，土地价格上涨245%）。1990年，日本所有土地总价值约为GDP的5.2倍，总财富/收入比相应从1980年的510%升至800%）。同年，东京周边的公寓价格已经超出人们平均年薪的10倍，市中心更是高达将近20倍。《战后日本经济史》[4]作者野口悠纪雄曾在1987年撰文指出："现在的地价上涨是泡沫"，并告诫："日本的地价上涨并非如《国土利用白皮书》或者许多人所相信的，是由需求增加而造成的长期现象，而是由于对未来的过大期待以及金融宽松政策所引起的不伴随实际需求的暂时高涨"。这一观点当时受到日本大多数经济学家的猛烈批判。例如，在经济学家云集的"政策构想论坛"就在1990年报告中断言"地价上涨属于正常范围"。野口悠纪雄分析道：认为"价格引发了泡沫"，实际上意味着"市场判断失误"。这对于经济学家来说，是难以接受的观点。因为在主流经济学理论中，"市场判断才是正确判断"。因此，承认泡沫的存在无异于经济学家的集体自杀行为。"这是一场孤独的战斗，得不到任何人的理解和支持"。①难怪经济学家Borio和Drehmamn在美国房地产市场崩溃引发金融风暴时感叹道："当金融体系最脆弱的时候，它看起来最强壮。"

还有一类特殊国情条件也会影响系统的恢复力。日本房地产泡沫膨胀期间，该国所有的高科技公司、宇航企业、半导体公司统统都觉得房地产前景好，小到卖菜的商贩，

---

① 日本房地产研究所，城市地价指数，六大城市地区（www.reinet.or.jp/）。

大到所有跨国公司全部卷入炒房炒地。但是日本有一个非常重要的特征，就是这些大企业、名牌企业都是百年老店，而且采用职工的永久雇佣制，尽管当时大部分企业的利润来自炒房，但是对这些技术职员一个都不解雇，甚至发60%的工资去学习，在家里歇着也不减员。所以该国房地产市场崩溃以后，企业把主业重新捡回来易如反掌，员工们重新上班就行了。这使人想到了中国民营企业前几年几乎全进入房地产，但相当多的企业放弃了起家的制造业，大部分技术人员也被解雇了，一旦市场崩盘，我国经济的整体恢复力也会因此而逊色得多。如果我国出现日本类似的房地产市场崩溃，实业衰退时间会相对比较长。因为我国企业不存在永久雇工制，特别是民营企业，技术工人对企业的忠诚度过低，房地产崩盘后负面影响会更大。

另一个值得记取的教训是发生在20世纪90年代我国海南房地产市场的崩溃。我国仍有部分经济学家们认为中国的房地产永远不会崩溃，泡沫的壁如同橡皮，强健得很，无须担心。好像海南房地产市场崩盘被遗忘了。实际上，海南房地产崩溃了以后有这么几种状况，可将其视为全国性市场危机爆发的预警和后果展示：首先是经济增长的倒退。原本海南的GDP增速连续多年都曾名列全国前茅，房地产市场崩溃以后，连续三年名列全国倒数第一第二，这是非常明显的衰败，该省的GDP呈现明显的负增长期。其次是烂尾楼大量存在，积压的烂尾楼花了多年时间和巨大的代价去清理，甚至到了21世纪，不少烂尾楼还出现在城市中，前后花了20多年时间。其三，超过80%的企业卷入房地产之中，而且95%的房地产企业破产。直到2003年还可看到海南当地农民在烂尾楼里面养鸡养猪，因债务纠纷，烂尾楼难以拆除，形成了城市的长期伤疤。从基础理论分析，到历史经验，再看现实的问题导向给出的分析结论。当时的海南全民炒房，就像日本当年的情景一样，大到总理内阁，小到卖菜的商贩全部参与房地产炒作。第四，银行破产。住房空置率达到了70%以上，大量的资源浪费在房地产上。房价从最高时候每平方米7500元，1993年跌了47%，1994年跌了13%，1995年又跌了10%，银行坏债突增到60%。最好的债务资产，一个晚上就变成最坏的。时任总理的朱镕基最后下令海南发展银行破产偿债，这是我国第一例大型银行的破产。这个历史教训非常深刻。

1.3 "问题维度"
——从问题导向来看我国房地产市场呈现的多种脆弱性

脆弱性之一,住房资产的国际比较。我国经历了40年的高速城镇化发展,房地产为国家贡献了大量财富,但是其自身也内生出多种多样的矛盾,变得越来越没有韧性。民众的资产分布过分倾向于房地产,据统计分析美国老百姓的人均资产在房产领域只占有27.9%,但是中国百姓的资产在房产中却达到了74.7%。我国此比率比美国高出近2倍。即同样是千万元级财富拥有者,近750万元的财产是在房地产里面。如果房地产市场出现崩溃,我国大多数中产阶级就会突然消失。而美国房地产市场崩溃后仅有一小部分中产阶级消失。

脆弱性之二,对城镇化拐点误判[5]:我国人均住房面积已达发达国家均值。国际货币组织(IMF)前年给出了一组数据:日本、法国等跟中国人口密度相似的国家越过城市化峰值之后,人均居住面积一般是35~40m^2。我国现在已达到这样的数量级,即人均35~40m^2。也就是说我国民众宏观上是不缺房的,但表现为不同区域、城市住房需求不均匀性。这类脆弱性展示,北京、上海、广州、深圳(简称"北上广深")等人口快速增加的大城市住房需求持续旺盛,但大多数人口持续外流的三四线城市因住房需求负增长可能会出现"鬼城、空城"。像鄂尔多斯市仅40多万人口,但却建了能居住140多万人口的住房。由此可见,我国房地产市场的脆弱性在地域空间上呈明显的不均匀性。

脆弱性之三,"一线城市"房地产泡沫化和金融膨胀相互促进。我国城市金融资产分布和人口增长明显呈现两极分化现象。北上广深与三、四线城市的房价增长差异日益扩大,不同地区城市的经济增长和人口增长也呈两极分化。从人口角度来看只有少数城市保持了持续人口增长。据六五人口普查数据分析,我国每年约有2.5亿流动人口,但只有8600万人属跨省流动的人口,而这其中一半以上集中在十个大城市。也就是说全国600多个城市,只有少数的几十个城市具有持续吸纳跨省流动人口的能力,其他都是流出或就地消纳人口的城市。这一趋势造就了大量人口从中小城市流出,而向少数大城市持续流入,也促使了前几年少数沿海大城市房地产价格暴涨,但是绝大多数城市房地产市场进入冰窟,需求可能持续下滑。更重要的是这十几个大城市金融资产总量却占我国所有金融资产的一半以上，仅北京就达全国金融资产的9.2%，上海约8%左右，把这十几个城市累计起来，就达50%以上。这意味着，这十几个城市一旦出现像海南那样的房地产市场崩溃，就可能呈现50%以上的全国金融资产中的70%会突然消失的风险，这一脆弱性不容小觑。

值得指出的是：与总投资额密切相关的金融膨胀不是均匀地发生在国民经济各个领域。由于房地产是金融机构最为青睐的抵押品，从而引发"信贷—房地产"的顺周期效应，房地产金融业务在我国过去十多年获得迅速发展。数据显示：我国房地产相关领域（按揭贷款、房地产开发贷款、建筑业贷款）的存量贷款比重，从2006年的14.2%快速上升到2016年的32.1%。其中按揭贷款比重上升最快，从2006年的2.7%提高到2016年的20.9%。[6]

脆弱性之四，总投资额与房地产的高度依赖性。不少城市和省份的GDP增长也高度依赖房地产，这一依赖症使得很多决策者成为房地产崇拜者，甚至有的城市领导每年都拨几千万元财政资金动员干部到迪拜学习，学那种昂贵的"大洋怪"建筑，包括城市面貌"一年一小变、三年一大变"错误政绩观。这类投资依赖症将给这些城市遗留巨大的风险。不仅政府投资额与房地产密切相关，更为重要的是，长达四十年的城镇化进程所形成的城市房地产价格持续上涨虚幻的"造富梦"刺激了我国居民部门债务的快速增长。央行数据显示，截至2017年末，我国居民贷款余额达到了40.5万亿元。加上超4.5万亿元的公积金贷款余额，我国居民债务率（即居民债务/GDP）约为55%，若再加上数万亿元的民间借贷，则已超过60%，远超新兴市场经济体的居民债务率水平，与发达国家持平。但美国居民部门债务率从20%上升到50%以上，经历了近40年时间，而我国只用了不到10年的时间[7]。这就意味着，一旦我国主要城市房价大幅下降，或国际经济波动引发家庭收入减少，必然会显著增加居民家庭的还款压力，有可能引发大面积住房按揭贷款还款违约，从而触发系统性金融风险。

脆弱性之五，依靠房地产提振经济的习惯思维。当经济增长势头稍有疲弱趋势时，不少决策者们首先想到的是用房地产来提振经济。因为房地产一业可以带百业，一个房地产业可以带动上百个相关产业，包括汽车、电器、电子、工艺品、家具和纺织都能带动，这样一来，我国每一次进行宏观经济调控的时候，房地产政策经常呈现极端化。到了需要"救市"的时候，许多市委书记不仅亲自带头买房，还出尽优惠政策鼓励老百姓买房。而一旦出现通胀风险的时候，则不分青红皂白让所有的项目停工，这些运动式调控造成市场新脆弱性。以南方某个城市为例,三年前就发现了该市积压了大约1000多万平方米的商品房。怎么办?中央说赶快去库存,该市就禁止新房地产项目入市,把建房冻结了。而当新一轮需求涌来时,该市百姓居然买不到房子,人为制造了"缺房恐慌"。房地产投资商一般具有反向调节的冲动,房价越是高涨越不抛售,捂盘停售造成需求恐慌。某一仅200套房子的楼盘开业居然有20万人来抢购,栏杆全被挤碎了,只能叫警察来维持秩序,一张房票转手倒卖,可以卖30万,这完全是一种由于投资、投机性购房引发的畸形、虚假的需求。

脆弱性之六,金融衍生产品的无序扩张。许多决策者并没有认识到它的危险性。我国上一轮资产泡沫的上涨,无论是股市的崩溃,还是房市的畸形狂涨,都与金融衍生产品在其中推波助澜是分不开的。金融衍生产品借助于互联网、现代通信工具和人工智能等新技术,呈高渗透性、颠覆性地快速发展,表现为三个基本特点:第一是绝大多数金融衍生品的诞生都是为了主动回避监管,它们实际的创新点往往是回避现有的政府监管体系,本来就是瞄着这个目标来的;第二,极大地放大了杠杆率,甚至把杠杆率放到100倍,这是以往传统的金融工具无法想象和难以比拟的;第三,如同美国芝加哥大学著名教授明斯基所说的,因为金融衍生品的失控,现代金融的不稳定性就更加突出了。所以这三类特征注定了现代金融衍生品一定会助推金融市场进入动荡甚至崩溃。如果政府监管能力欠缺,肯定会造成市场崩溃。明斯基作为"货币学派"基地的芝加哥大学教授却有着这样反潮流式科学判断,这是非常了不起的,我国现在也已认识到了"明斯基时刻"是要值得极端重视的风险。

众所周知,2017年我国为了控制房地产泡沫,银行规定购第二套房产首付比例较高,已达60%以上。但是金融衍生品之一的"首付贷"却可将首付比例降为0。尽管"首付贷"立即被监管机构封杀,但具有相同功能的"××贷",仍在借助日新月异的金融衍生品改头换面蜂拥而出。

由此可见,我国大多数城市政府整体上尚缺乏对房地产市场调控的意识能力与工具,实时反馈纠偏能力非常薄弱。

1.4 基于"反脆弱"思路的我国房地产市场长效机制初探

通过以上分析得知：我国房地产市场存在那么多的脆弱性，房地产市场调控的长效机制应建立在"反脆弱"、增强市场系统弹性的基础之上方能奏效。

一是丰富"多样性"。多样性是任何复杂巨系统增强韧性的重要途径。最重要的多样性就在于主体及其能力的多样性，也就是说住房的供给渠道和形式要多样化，调控工具要多样化。前一类多样化表现在欧盟即第二次世界大战以后涌现出来多样化住房合作社的诞生。因为增加了主体的供给能力，调动城市主体自我解决住房问题的积极性，不少欧盟城市70%以上的房产是由老百姓自己组织的住房合作社来建设和运营的，这与美国当年由政府出钱建设保障房截然不同。这种模式能把政府建设保障房的弊端消除。比如说住房供需不对称、政府投资浪费、质量监控机制缺失、退出非常困难、腐败和贫富分化等问题，用住房合作社都能够顺利解决，不存在我国保障房、廉租房那样多的弊端，是一种非常好的调节机制。再加上"以租代买"、棚户区改造和以"补人头"替代"补砖头"等多途径，解决中低收入阶层住房困难问题的前景是可以预期的。

后一类是调控工具的"多样化"对调控机制完善非常重要。例如，我国华侨在意大利购第一套房免消费税，第二套房要收购房款14%的消费税，第三套是20%，第四套以上就要收40%。所以国人到发达国家炒房就难以成功。又例如，北欧等国设立"空置税"，如某市民房子中水表、电表、煤气表读数低于一定比例就要算空置，就要交空置税。而"转让税"指的是住房升值大部分是由"正外部性"造成的理应收回，房产交易过程中政府税务部门通过"转让增值税"收回住房部分升值（30% ~50%）用于当地"民生建设"。这样一来，炒房者就难以通过房产投资、投机来获取高额利润了。

由此可见，房地产税设计不要仅盯着"物业税"或"资产税"，应该把税收调节工具多样化，同时把这些工具交给地方政府操作。逐步替代现在过多过频繁的行政调控措施，例如要么冻结开发，要么就是赶快启动开发，要么干部带头买房，要么外地人不能买房等"一刀切"的办法造成新的脆弱性。

二是调控措施和过程"分散化"。分散化指的是要发挥各层级调控主体的能动性与适应性。从而变房地产市场的调控由传统的集中调为分散调，变一次性调为多次调；变行政手段调为经济手段调；变中央政府为主调为地方政府为主调；变仅靠政府调为多主体联调。这样一来，就能逐步形成从下而上、贴近调控对象和市场波动趋势的调控新机制。这也是调控主体的适应性与能动性发挥的主阵地。

三是调控工具"模块化"。全国房地产是一个超级复杂的巨系统，但又具有明显的地方属性，每个城市甚至城市中不同的区域都可看成独立的"子系统"，这些"子系统"有着一定的"共性"。针对"共性模块"调控工具如何配套？调控成效怎么评价，如何有效监管？都需要有相对独立的、标准化、能相互协调的一系列工具。比如说我们要明确树立"房子是用来住的不是用来炒的"理念，关键是建立一系列具体的、可操作的步骤和标准体系，不能仅停留在口号上。其次，任何地方房价的涨幅不能高于当地人均收入的涨幅，如能坚持数年房地产市场脆弱性就可以逐步削减。再次，明确防范地方出现像海南、温州这样的市场崩溃，对造成金融风险的要永久性地追究责任，不管书记市长是否退休，要像环境保护责任追究那样。此外，地方政府调控房地产市场职能，不应仅关注如何防控房价泡沫引发金融风险，还要解决那些缺房的低收入群体的住房问题等。这些相对标准化的监管"模块"要具体落实。

四是学会管理慢变量。也就是要学会引导和化解"灰犀牛"式风险。近期一项调查表明：80%的企业家认为我国最大的灰犀牛是房地产市场，这就要求各级政府高度重视房地产市场的风险积累和化解。首先要落实地方政府跨越"换届"调控房价的主体责任。其次要建立对金融监管机构管控风险的责任制度。再次要确立国土部门对40年、70年以后房产续期问题的研究处理责任。房产续期收费与物业税相关，并与房地产税中的消费税、流转税、空置税等如何协同作用也密切相关。在没有搞清楚的情况下要慎之又慎，比如说温州两年前已经有20年到期的国有土地，有关部门却仓促宣布到期自住房续期免费的决定，这会形成后继调控政策没法操作的乱象。而且，商品房用地40年、70年到期是否免费续期也面临着与遗产税的替代关系，因为我国房地产已经成为百姓最大的隔代资产了。如果这些问题理不清，一旦政策盲目出台就极易引发"灰犀牛"式危机。

五是适时反馈。具有韧性的系统必然具有上下联动的多重反馈机制，从而对重大的外界干扰保持灵敏性和协调动作能力。我国应建立多级房地产调控体系，除了中央房地产调控联席会议，省市都应该要有这样的协同调节机制。还要利用大数据、人工智能实时分析风险热点与地区，相机提出调控政策。当前，最大的威胁之一就是数据采集上的失真，真实数据报不上来，虚假数据漫天飞，造成各级政府决策失误和社会上的各种谣言满天飞而得不到及时澄清。防止数据造假、弄虚作假，是系统适时反馈、精准应对之必要前提。

六是建立能力冗余机制。任何一个富有弹性的系统，必然有冗余的调控机制。尤其对关系国民经济命脉、复杂多变的房地产市场，应该有足够的调控能力储备，及时建立各种应急调控知识与工具储备。虽然当前房价上涨的势头表面上已得到全面控制，但整体房地产系统仍处在非常脆弱的时期。这正是因为一线城市和部分二线城市房地产市场呈现高售租比、高房价收入比、高房价"三高"迭加在一起的特殊时期，这等于调控机制在"走钢丝"，极易引发系统崩溃或房价进一步螺旋式上升。这段时期房地产的调控正在经历一个调控"紧平衡"的特殊阶段，但是这类"紧平衡"不可能长期存在。此时，要大大提高干部识别风险和应对危机的能力储备。房价收入比持续升高并不是中国特色，其实是世界的普遍现象，实际上货币电子化和金融工具创新正在助推一切稀缺资源的资产化，造就了全球范围的不动产价格上涨。回溯近代房地产市场兴替的史实，正是人类错误的认知和投机的欲望导致了绝大部分的"黑天鹅"。

七是注明"标识"，让"逆周期"性质的房产更受社会支持。"标识"是复杂系统内部的引导性机制。正如俗话所说的"物以类聚、人以群分"，就是指复杂的主体依靠可识别的标识引导下的选择性互动才实现"聚"与"分"的。现代房地产市场由不可逆转的"房产金融化"趋势和由日新月异通信技术助推的炒作工具快速普及，购房者"买涨不买跌"、开发商"卖落不卖涨"已经成为常态。也就是说，房地产市场买卖双方都在极力表演市场波动"顺周期"的推动者角色，这必然会大大加剧房地产市场的波动性。在一部分二线城市如沈阳、重庆、长春、贵阳等，由于政府大量投资建设具有"逆周期性质"的保障房、棚改房和公租房，这些城市的房地产价格长期处于平稳状态。但由于这些政府投资的房产都是不可持续的，一旦停滞或退出，当地房地产市场风浪骤起就难以避免。这就说明：建立"逆周期"性质的房产多渠道投入机制已成为紧迫性的课题。首先要大力倡导无房户自组织式的合作建房；其次要推动近郊农村合作社在城市规划确定的"农村建设用地"上兴建"公租房"；再次要以地方法规的形式约束商品房开发者的"顺周期"行为；最后要在土地出让方面引入出租房和绿色建筑比率。国际流行的社会住房、绿色建筑星级评价、共享住房、廉租房等都是为了让全社会更加关注支持这类"逆周期""逆成本"的房产而给打上的特殊"标识"。值得指出的是：只要政府将原先用于保障房、棚改房的财政资源，分一部分用来调动城市各类主体建设逆周期房产的积极性，就可以取得"一举多得"和多快好省的调控效果。

1.5 我国"房地产市场调控"长效机制编制纲要的原则要点

（1）"房地产长效机制"并不是"一次性"顶层设计，而是必须长期坚持的方向和基本原则。以"纲要"的形式容忍"房地产长效机制"能"迭代式"自进化设计有利于及时补充各责任主体自适应性、主动性、创造性地调控房地产的经验、作法和案例。

（2）先行国家的经验教训对我国房地产市场长效机制制订十分重要，但也要区别基本国情、政体、文化、发展阶段和社会背景的不同，科学合理地加以取舍。

（3）我国一、二线城市房地产泡沫已具规模，并已成为可能造成系统性金融风险的主因之一，任何贸然"刺破"泡沫的做法都会使占民众70%左右的家庭财产遭受巨大损失并引发消费大范围、长时间的萎缩，因而"烫平泡沫"，使房地产泡沫可持续"减压"是唯一可行的策略。

（4）由于我国属于"原住民"占主体的传统农业大国，当前城镇化进程已过第二拐点，任何以房地产刺激经济的作法都已不合时宜。长效机制设计除了需防范金融风险之外，还需防范"空城""鬼城"的涌现。

（5）"房子是用来住的，不是用来炒的"是需要长期持之以恒加以坚持的基本方略。扭转40年来形成的"只有购对房才能快速致富"的概念，更需要税收、金融、法律、舆论等各方面的政策形成合力加以调节和促使转型。

（6）全国各地，一、二、三线城市房地产市场及人口流动情况分化已呈日益分化的状态，必须建立以城市为单元的调控主体，必须进一步明确城市政府调控房地产市场的主体责任。

（7）城市空间资源分配与社会财富公平十分密切。土地使用权70年、40年后的处置方式直接关系到房地产的"产权属性"和民众财产的隔代传递，理应与"房地产税"的设计和"遗产税"设立与否一并深入研究、统筹设计。

（8）由于"资产金融化"已成为持久的国际性趋势，房地产已成为全球范围的财富分配不均的主要推手，应将其进行更系统、多维度、整体性研究。

（9）房地产税应分解为"消费税""交易增值税""空置税"和"物业税"等，因前三个税种影响面窄、能精准扼制房产投机投资者，可尽快相继出台。

（10）立足于我国特色政体和基本制度优势，及时梳理、增设、协同并下放地产市场的各类调控工具，以增强责任主体的调控能力，尽可能变"一次调"为"多次调"，"中央调"为"地方调"，"行政手段调"为"经济手段调"。

（11）尽管以房价/收入比衡量仅20余个城市房地产泡沫明显，但这少数城市的金融资产占全国50%以上，再加上现代金融的广泛、快速传导性，任何房地产调控政策的制订实施都应以不触发系统性金融风险为前提，建立区分房地产市场中的"慢变量、快变量、突变量（临界）"的预警监控和相机调控是当务之急。

（12）"棚改货币化"和"抢人"引发的三、四线城市"假性去库存"，明显背离了"房子是用来住的，不是用来炒的"基本原则，应坚决纠正并引以为戒。

（13）由于现代金融市场的日益复杂和快速演化等特征，必须始终警惕"首付贷"等多种形式的金融衍生品的"多变性"和"顽固性"，防止其"死灰复燃"。

（14）在一般情况下，中央金融政策应以"稳健"为准则，不可轻易采用连锁叠加形式进行，如"既降低购房首付比的同时，又较大幅度降低住房贷款利息"等"双降"或"双升"的过度调节，防止房价人为大起大落。

（15）十九大报告提出的"加快建立多主体供给、多渠道保障、租购并举的住房制度，让全体人民住有所居"是我国住房制度改革"再出发"的总方针，需要基层政府根据本地的情况和面临的具体问题勇于进行制度创新，努力创造新鲜经验和可操作的政策法规，并由国家相关部委及时总结和推广。

1.6 本章小结

我国房地产市场已进入地域分化、变动频繁、投机化广泛和收缩的历史时期。原来我国住房调控机制之所以不见效，主要是没有从第三代系统观点、主体能动性的思想出发，从而只能头疼医头，脚疼医脚，而CAS理论告诉我们城市包括住房体系具有非凡的复杂性，增强这种超级复杂系统的韧性必须建立在第三代系统论的理论基础之上。整个房地产长效机制的探讨，都要建立在这种复杂性、系统性的认识基础之上。

其次，要使房地产系统正常地稳定运转，必须尽可能解决这个系统的脆弱性，本书特别强调六个方面的脆弱性，这六大脆弱性是我国房地产市场的要害，导致该系统不能够长期富有弹性地运转，也使传统的调控机制不能够正常建立和运行之主要根源。

再次，解决这些脆弱性是系统性、复杂性能够有机运转起来的基础，应借鉴国外的经验和中国的教训，以及怎么来实施这种全新视角的系统性的调控工程需要创新思维与措施，本书对推进解决我国房地产市场所面临和存在的脆弱性提出了一系列的措施。这些措施可简要归纳如下：

一是要减少系统内外部环境的扰动因子。也就是要减少房地产的投机和投资属性、降低金融系统杠杆率，这是一个有效增强系统韧性的永恒主题。

二是要弱化系统的脆弱性。低收入者的住房供给渠道要多元化，同时又要丰富调控主体的工具和手段。要把各类市场主体自主调控的积极性调动起来，善于将全局的风险局部化，必要时以个别城市房地产市场崩溃来释放系统的整体风险，引发全系统的警觉从而强化整体韧性。

三是要增强系统要素坚韧力，强化调控主体的灵活性、适应力和协调性，逐步摆脱房地产投资和土地财政依赖症是防范黑天鹅、灰犀牛风险的不二选择。

四是要通过"标识"制度来培育市场"逆周期"调节主体，只有对可持续发展有重大影响和民众自主自立逆周期建设的民生房产工程才允许给予政府优惠和扶持，这些是持续增强我国房地产市场维持力、恢复力和转型力的必由之路。

最后，我国"房地产市场调控长效机制"的编制绝不是一次性的顶层设计，而应是以"纲要"的形式指明"机制"变革的若干原则和方向，以利基层政府开展创造性的试点试验，自适应性、"从下而上"渐进式形成成功的经验、作法、案例和法律法规。

第2章 从房地产短期政策的实施到长效调控机制的建立

本章作者：周伟林

本章节以2004年以来我国房地产各个阶段发展状况及政府采用的短期调控措施为切入点，阐述政府在不同的宏观经济背景下采用的调控政策取得的效果，分析其中得失。对于过去十几年房地产调控效果有限的状况，可以归因为政府对房地产定位偏失、短期政策自身局限性、中央和地方政府调控行为不一致、房地产市场本身制度建设的滞后。本章节以短期调控中发现的问题为出发点，对房地产长效机制的建立提出了建议，旨在解决短期调控政策无法消除的房地产深层次矛盾。

作者简介

经济学博士，教授。复旦大学城市经济研究所所长，中国城市科学研究会常务理事，中国城市规划学会区域规划与城市经济学术委员会副主任委员，上海市规划委员会委员，上海市经济学会理事。

2.1 研究背景和研究问题

房地产作为国民经济的支柱产业，既关涉民生，又为GDP的增长作出了重大贡献。然而从2002年以来，我国的房地产市场经历了几次大幅波动，国家也适时出台了一系列调控政策，但总体效果不甚理想，房地产市场发展前景不容乐观。从房价收入比的角度来看，2017年上半年全国热点城市房价收入比最高的深圳达到了34.9，上海为26.2，北京为23，其他二线城市也分布在10~15之间，大大高于3~6的国际警戒线。高房价的现实表明政府房地产调控的政策并非有效。

综合来看，房地产市场调控与国家宏观经济环境、住房市场供需、资本流动、住房供给结构、土地供给制度等息息相关。房地产市场在过去15年间经历了几波快速上涨阶段，为了有效平抑房价，中国政府采取了金融政策、财政政策、土地政策以及改善住房结构、规范房地产市场交易秩序等措施来应对房价的快速上涨。调控政策不仅广泛分布在房地产交易二级市场，也重点突出了对土地出让这类一级市场的调控。虽然调控手段多样，覆盖面也比较广，但调控的最终效果却不理想。这需要我们从政策调控角度入手，对政府过去十几年间的调控行为进行梳理，总结调控取得的阶段性成果，分析其中存在的不足，为长效调控机制能够解决国内房地产市场中的深层次矛盾提供思考。

2.2 我国房地产调控政策基本路径分析

我国的房地产调控在过去15年里并非沿着一套固定不变的调控思路，在不同的时间段、不同的环境背景下，采取的调控政策偏重不同。为了更清楚地分析其调控思路，可以将2004~2016年期间房地产市场发展划分为5个阶段。

（1）2004~2007年：这期间房地产出现了过热的情况。在初期，政府调控采用的方法包括强化土地供应管理，严格控制土地供应总量，恢复征收土地增值税。这些政策打压了土地成交量，如图2-1所示，2005年和2006年，全国房地产企业的土地购置面积连续两年出现同比下滑，而住房销售面积从2004~2007年呈现出一个加速上涨的趋势。

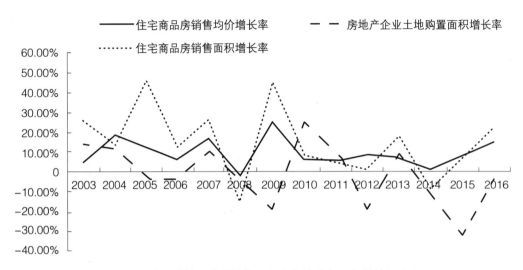

图2-1 房屋价格、房屋销售面积和土地成交面积增长率对比
(资料来源：国家统计局网站)

可以说，抑制需求端的策略并没有成功，政策思路的偏差导致土地供给未能满足现实日益增长的住房需求，而土地供给反映的是未来一段时间住房的供给，这也加剧了市场上未来一段时间房源供给的不足，进一步强化了房价上涨的预期，给2007年的调控增加了难度。在2005年，调控思路出现了转变，调控政策全面升级，这也是国内历史上第一次房地产全面调控。政府部门先后出台了调整土地供应、信贷结构和开征交易税费等措施，土地政策也一改过去控制土地供应量的方式，调控政策的主要内容增加普通商品住房供应，肃清房地产开发交易环节中的违规行为，增加小户型供给比例，扩大廉租房的覆盖面，加强房地产市场监测平台建设，正确引导市场的心理预期。这段时期出台的影响较大的调控政策包括：财政政策方面，2006年国税总局对个人转让房地产免收营业税由持有2年延长至5年；金融政策方面，2005年"国八条"一揽子政策中，央行上调了部分地区首付比例；2007年，央行先后五次调息，金融机构一年期存款基准利率由年初的2.52%提高到3.87%，一年期贷款利率由年初的6.12%提高到7.29%，个人住房公积金贷款利率年内一共上调了0.36个百分点；土地政策方面，从招拍挂制度实施到2005年"国八条"中明确提出要调整住房供应结构，调整用地供应结构，增加普通商品房和经济住房土地供应，严格控制被动性住房需求，控制好拆迁数量和规模；2006年，国务院出台限制套型90/70政策，力求从供应环节改善房地产市场中的供求关系，同年8月，建设部出台《城镇廉租房工作规范化管理实施办法》，进一步落实住房保障政策。

全面调控措施出台后,房价走势如图2-1所示。考虑政策的时滞性,参考2006年房价同比上涨6.21%,相比较2004年的18.71%和2005年的12.61%,可以说房价过热的势头得到了抑制,调控政策短期内发挥了作用。但在2007年,房地产市场又出现了过热的形势,住房销售面积增长了26.55%,均价增长了16.86%,频现的天价"地王"不断刷新土地出让价格纪录,从侧面证明了调控政策存在缺陷,引起房价上涨的主要因素没有被政策有效覆盖或者措施实施未到位,而这一政策便是土地政策。对比后几轮房价过热阶段,此轮房价最显著的特点是销售面积也迅速增加。这一轮上涨更多的是由于需求端的快速上涨导致的,土地供给未能有效匹配需求加剧了房价上涨。供给不足是推动房价上涨的关键因素(表2-1)。

2004~2007年主要调控政策汇总　　　　　　　　　　表2-1

年份	主要措施
2004年	上调存贷款基准利率
	严格规范地方政府土地管理,抑制土地招商带来的土地流失和固定资产投资的增加
2005年	取消房贷优惠政策
	调整土地和住房供应结构,增加普通型住房供给
	控制拆迁数量,严格控制被动型购房需求
	加强房地产税收管理,从税收入手整顿房地产市场
2006年	继续上调房贷利率
	出台限制套型90/70政策,从供应环节改善房地产供求关系
	出台二手房营业税政策,调控二手房交易
	颁布外资限炒令,打击投机行为
	出台廉租房管理实施办法,落实保障房政策
2007年	上调存贷款基准利率
	差别化信贷政策,提高二套房首付比例和贷款利率
	加强土地供应,缩短土地开发周期
	严格限制外商投资房地产范围

(2)2008~2009年:2008年末,由于美国次贷危机引发了全球金融市场海啸,国内宏观经济基本面也面临着下行的压力。房地产作为国民支柱产业,承担着拉动GDP的任务。当年房地产市场业和宏观经济一样面临下行的压力,房价微跌,房屋销售面积

出现了大幅下滑。在此形势下，中央政府对房地产调控政策开始转向，其标志是2008年12月20日出台的《国务院办公厅关于促进房地产市场健康发展的若干意见》，对前期的各类调控政策进行了反向调整。

财政政策方面，对个人购买90m^{2}及以下普通住房的，契税税率统一下调到1%，对个人销售或购买住房暂免印花税，对个人销售住房暂免征收土地增值税，营业税免征时间由持有五年降低为持有两年，同时地方政府可适当制定鼓励住房消费的收费减免政策；金融政策方面，从2008年10月起，央行进入了下调存贷款基准利率和降准的周期，购买商业住房的首付款比例也下调到20%，拓宽了房地产开发企业的融资渠道；土地政策方面，依然坚持保障房建设，解决低收入家庭住房问题。

在中央调控政策转向之后，2009年全国的房地产行业立刻经历了一轮疯狂的上涨，如图2-1所示，2009年全国商品房住宅销售均价同比上涨了24.69%，住宅商品房销售面积同比增长了45.39%，房价上涨趋势非常明显。再观察地方的土地供应指标，面对2009年住宅价格的快速上涨，当年全国范围的土地供给并未相应调整，当年房地产企业土地购置面积出现了-18.92%的负增长。在经历了一整年疯狂上涨后，中央政府开始对房地产进行调控，抑制过热的市场。地方政府开始加大了土地出让的数量，2010年房地产企业新购置土地面积的增长率高达25.21%。

这期间房地产市场的走势反映了调控中不可忽视的两个重要问题。第一个问题是对房价的预期直接影响着房地产市场三方参与者的行为决策，表现为居民的购买住房意愿、地方政府和房地产企业出让和购买土地的意愿。图2-1中可以清楚地看到，相比较房价而言，住房销售面积和房地产企业购地面积的波动性更大。因为在长期货币宽松、城市化进程加快、居民收入增长、投资渠道狭窄的情况下，房地产成了很多人的投资首选，从长期来看，房地产的收益率远高于银行存款利息。在此环境背景下，一旦放松房地产调控，甚至是鼓励房地产业发展，都会被市场解读为房价上涨的信号，增加刚性需求和投机性需求的买房行为，在短期住房供给无法迅速匹配的情况下，这种需求的增长必然导致房价上涨，房价的快速上涨又会吸引更多的投机性需求，这是2009年国内经济承压情况下房价还能大涨的内在逻辑。第二个问题就是土地供应的问题。在2009年房价和销售面积出现同比大幅增长的情况下，2009年的房地产企业土地购置面积出现了同比下滑，说明土地的供给和需求在这轮上涨过程中存在着不匹配情况。土地政策本身固然存在着缺陷，比如中央在土地审批上的权利过于集中以及地方土地财政问题都限制了土地政策发挥作用，但中央政府在2009年底房价经历了一轮快速上涨之后才着手进行调控，其反应速度没有跟上市场的节奏，导致上涨阶段房地产调控政策没有及时出台，增加了市场过热的情绪。

（3）2009年12月～2013年：在房价经历了一波快速上涨后，引起了社会广泛关注，中央又着手对高房价进行调控，抑制房地产投资过热，目的是稳定房价。这轮调控虽然出台的政策数量不及2003～2007年那一轮，但调控的力度更大，调控的手段更多。调控初期，先是个人住房转让营业税征免时限由2年恢复到5年，抑制居民短期投机行为；其次将开发商拿地的首付款比例提高到了五成；房贷政策也开始收紧，并且实施了差别化的房贷政策，二套房首付比例不低于40%，第三套房停止信贷，针对部分热点城市房价过快上涨提出了限购政策，旨在打压投机性购房者，防范过高的居民房贷杠杆风险。初期的调控措施还是极其有效的，如图2-1所示，2010年房价涨幅收窄，增长率为5.97%。2011年房地产调控继续从严，央行频繁使用货币政策，三次上调存贷款基准利率，五次上调存款准备金率，二套房首付比例提高到60%，房贷利率上浮10%，这些提高购买成本的措施有力地抑制了投机行为，加上热点城市限购的政策，2011年和2012年房屋成交增长趋缓，销售面积同比增长只有3.38%和2.01%。另外此轮调控一开始就强调了土地供给的重要性，2010年初"国十一条"明确要求增加保障性住房和普通商品住房有效供给，而2010年房地产企业土地购置面积同比增长25.21%，增长率达到历史最高值。2011年"新国八条"更是明确规定了当年的商品住房用地供应计划总量不得低于前2年年均实际供应量，还限制了囤积土地、违规炒地行为。

房地产市场的冷却让一些地方政府按捺不住，开始着手放松房地产调控力度。地方政府虽然在土地政策方面拥有较大的权限，但由于中央政府短期内在住房供给方面设置的硬性指标，加上上一轮房价上涨后地方政府高价出让土地的动机加强，所以地方政府的调控手段主要集中在增加购房需求。2011年下半年，宁波市实施了商业住房贷款转公积金贷款政策，南京、无锡、合肥等热点城市提高了公积金贷款额度上限，通过降低居民的购房成本来提振需求。2012年，中央政府部门表态从严落实房地产调控政策的方向不会改变，并警惕一些地方的调控放松。可以看出中央和地方政府在房地产调控中的分歧，2012年起由于地方政府调控执行力度减弱，2012年和2013年全国房价分别上涨了8.75%和7.74%，相对于2010年和2011年的5.97%和5.68%有了小幅的反弹。由于地方政府对土地财政的依赖性，短期调控的时间持续越久，房地产市场的活跃度越低，地方政府的财政压力越大。中央和地方政府在房地产调控中的矛盾随着时间的推移逐渐加剧，其结果就是中央调控政策执行一段时间后地方政府通过公积金等渠道放松调控，或者在中央调控松绑时采取购房补贴等手段刺激当地房地产市场的迅速回暖（表2-2）。

2009~2013年主要调控政策汇总　　　　　　表2-2

年份	主要措施
2009年	个人住房转让营业税征免时限由2年恢复到5年
	地方政府要切实负起责任遏制房价过快上涨
	进一步加强土地出让收支管理，将开发商拿地的首付款比例提高到五成
	国土部督办处理房地产开发闲置土地
2010年	差别化信贷政策，二套房首付不低于40%，贷款利率按照风险定价
	国务院要求增加普通商品房和保障性住房的有效供给
	省级政府对调控担负总责，合理引导住房消费
	各商业银行暂停发放居民家庭购买第三套及以上住房贷款，消费性贷款禁止用于购房
	房价过高、上涨过快、供应紧张的城市，要在一定时间内限定居民家庭购房套数
2011年	差别化信贷政策，二套房首付款比例不低于60%，贷款利率不低于基准利率的1.1倍
	全国建设保障性住房和棚户区改造住房1000万套
	个人购买住房不足5年转手交易的，按销售收入全额征税
	对定价明显超过周边房价水平的房地产开发项目，进行土地增值税清算和稽查
	保障性住房等用地不低于住房用地供应总量的70%
	商品住房用地供应计划总量不得低于前2年年均实际供应量
	对已供房地产用地超过两年没有取得施工许可证进行开工建设，没收并处罚款
	房价上涨过快城市继续执行住房限购措施
	对地方政府领导监管房地产市场不利的进行约谈
	上海和重庆正式实施房产税
	继续上调存款准备金率和存贷款基准利率
2012年	以保障性安居工程用地落实为重点做好住房用地供应工作
	多部门密集表态坚持房地产调控不动摇
	严格实施差别化住房税收政策，加强交易环节和持有环节相关税收征管
	继续实施限购政策
2013年	加快保障性安居工程规划建设

续表

年份	主要措施
2013年	2013年住房用地供应总量原则上不低于过去五年平均实际供应量
	加快中小套型普通商品住房项目的供地、建设和上市,尽快形成有效供应
	加快保障性安居工程规划建设,城镇保障性安居工程建成470万套、新开工630万套
	加强商品房预售管理,严格执行商品房销售明码标价规定,打击中介机构违规行为
	二手房交易的个人所得税由交易总额的1%调整为按差额20%征收
	继续限购政策

这一阶段调控与上轮调控不同之处还在于强调了地方政府的主体责任,明确各地方政府需合理确定本地区年度新建住房价格控制目标,对于住房价格增长过快、土地出让连续创历史新高、差别化住房信贷执行不力、房地产相关税收征管不力、保障建设缓慢等问题实施追责。2011年初,上海和重庆两地正式开征房产税,但仍是一件极具意义的事件,虽然从征收范围和税率来看,对房价调控的象征意义大于实际意义。

该阶段的调控从各项主要数据的反映来看,取得了一定成效。尽管在2012年之后房地产调控很少再出新的政策,但前期实施的调控政策已经能够让市场降温,回归合理的市场交易状态。2010~2014年期间,房屋价格年均增长率为5.85%。虽然房屋销售面积在2013年、2014年经历了起伏,但土地供给的配合到位,房屋均价和销售面积的涨幅都得到了控制,没有出现2007年的那波反弹现象。

(4)2014~2016年8月:中央调控目标再度转向,鼓励房地产业发展。在宏观经济增速承压的环境下,房地产又要发挥稳增长的作用。2014年政府对房地产的调控开始放松,金融政策方面,主要是央行、银监会联合下发《关于进一步做好住房金融服务工作的通知》(简称"930新政"),内容涉及加大对保障房金融支持、支持居民合理住房贷款需求、支持房地产企业合理融资需求等多项政策,被外界视为最刺激房屋需求的政策是"认贷不认房"。2015年,宽松政策继续加码,央行五次降息,住房首付比例降至25%,为过去五年来新低,公积金政策在中央和地方层面继续保持宽松态势。此外,国务院发文调低了除保障性住房和普通商品住房之外的其他房地产项目的最低资本金比例,缓解房地产企业融资压力,促进房地产行业投资。财政政策方面,营业税征收由五年调低为两年,降低了尤其是库存较多的三四线城市的房屋转让手续费。地方政府跟进的措施包括套型比例限制的松绑和影响较大的租房和购房补贴。

这一轮政策宽松有两个目标：一是促进三四线城市的房地产销售，降低库存；二是增加房地产的开发投资规模，为宏观经济增长提供支撑。虽然"930新政"出台的时间是2014年，但2014年房地产还是处于下行的阶段，房地产销售面积出现同比增长是在2015年"330新政"①出台后。这段时间的松绑并没有像2008年那样立刻在房地产市场中得到反应，其中原因，一是我国的房地产行业在大周期层面上已经进入成熟期，人口红利和城市化的快速爆发期慢慢消减后，户均居住套数已经超过1，住房市场在全国范围内处于一个相对稳定的供需平衡状态，全国商品房待售面积从2010年的不足2亿m^2积累到2016年的接近7亿m^2；二是股票市场的繁荣吸引了居民的投资，进一步挤压了房地产需求。2015年"330新政"出台后，货币信贷政策的宽松、行政政策的松绑以及对改善型住房需求的支持和鼓励推动了楼市的发展，尤其是在股市泡沫破灭后，一二线城市的房地产成为投资的热门标的，住户部门的信贷比例开始大幅攀升，如图2-2所示，2016年新增房贷占全部新增贷款的比例由2015年的30.6%迅速增加到44.8%。资金过度流向房地产市场，信贷增速与实体经济发展的背离凸显了资金脱实向虚的倾向。

这轮房地产政策转向后最受益的是二线城市，其房地产销售面积增幅最快，由2014年度的33%增长到2016年第一季度的37%，三四线城市由2014年度的62%下降到2016年第一季度的58%，一线城市基本上保持不变。而在房价涨幅方面，截至2016年9月，全国均价同比上涨了16.64%，一线城市更是超过了25%，三四线城市房价增幅由负转正，但涨幅不明显，低于5%。同时，房地产市场的区域分化现象表现明显，由于供求格局不同，热点城市的资源优势持续吸引高端人口净流入，而房屋供给受限于土地供应，长期的供需不平衡是房价上涨的主要因素，在大的政策松绑时，一旦配合金融政策的宽松，这类城市就会迎来房价的快速上涨。而三四线城市在教育、医疗、产业发展等各方面全面落后，难以形成外来人口的净流入，库存的积压和去化周期一直高于重点城市。即使在房地产政策宽松的背景下，单靠市场化手段解决三四线城市的库存压力就难免有点捉襟见肘。所以，这轮重点城市房价的快速上涨让中央政府不得不进行新一轮房价调控时，三四线城市的高库存问题依然没有得到完全解决。

（5）2016年9月至2017年：因为热点城市房价在短期内全面快速上涨，中央出于

---

① 央行、住房城乡建设部、银监会联合发布《关于个人住房贷款政策有关问题的通知》和财政部、国税总局联合发布《关于调整个人住房转让营业税政策的通知》。

图2-2 房地产全年累计贷款增加额及同期房贷占比
(资料来源:国土资源部网站)

经济社会政治的稳定考虑,重启了房地产的全面调控。这次调控的原则是区别对待房地产去库存问题,因城施策,一二线重点城市防止泡沫,逐步引导房价回归到合理区间,三四线城市结合城镇化手段实现有效去库存。主要手段为重点城市限购限贷,这也是抑制热点城市投资需求直接有效的方式,但会误伤部分改善型住房需求;其次是增加热点城市的新房和土地供应,加大保障房供给,供需结构的矛盾也是热点城市房价上涨的主要因素;第三,加大对房地产开发商的监管,提高土地拍卖的保证金门槛,遏制地王频出的现象;第四,打击违规资金进入房市,对房地产企业资金和个人购房资金的来源进行核查,防止房地产市场出现杠杆化投资行为,避免积压房地产领域的金融风险。其他的相关调控政策还包括打击捂盘惜售行为、加强市场的舆论引导等(表2-3)。

2016~2017年主要调控措施　　　　表2-3

年份	主要措施
2016年	限购限价政策在热点城市全面推行
	开展商品房销售明码标价监察,打击违规标价等炒作行为
	提高首付比例,认房认贷
	采取"限房价、竞地价"的举措,对地块均设定合理土地上限价格
2017年	政策利率6年内再度上调
	供地指标以去库存周期为依据,消化周期36个月以上的,停止供地;18~36个月的,减少供地;6~12个月的,增加供地;6个月以下的,不仅要显著增加供地,还要加快供地节奏

续表

年份	主要措施
2017年	建立购租并举住房制度
	12城试点住房租赁市场改革
	降低企业住房公积金缴存比例

在调控政策出台后,2017年一线和二线城市商品房成交面积分别下滑了39%、20%,但年末呈现反弹迹象,三四线城市得益于棚改货币化政策的大力推行,全年成交上涨18%,增速呈现前高后低的趋势。由于限价的影响,新增房屋供给明显萎缩,这有利于去库存目标的实现,尤其是三四线城市,库存下降最为明显。土地政策在这次调控中也进行了调整,中央转变态度,开始配合人口流入状况加大对热点城市的土地供应。全年的土地成交面积在经历了三年的下滑后出现了大幅上涨,更是带动土地出让金创下历史新高,其中增长最多的是三四线城市,虽然土地供应增幅不大,但由于土地价格大幅增长了接近60%,全年的土地出让金上涨了82%,推动了三四线城市地方财政收入的快速上涨。而负面效果则是三四线城市的房价也经历了一波大幅上涨阶段。从2017年末开始,限购城市陆续出现了政策松绑的现象,地方政府运用的手段主要是落户宽松以及人才购房政策。政策的松绑是否会引发这些城市房价的又一轮上涨值得关注。

2.3 中国房地产价格长期上涨的原因分析

房地产市场虽然经历了数轮调控,但始终没有走出越调越涨的怪圈。从历史经验来看,历次房价快速上涨迎来高位后总会伴随着中央一轮重大级别的房地产调控,随着调控政策的密集出台,引导市场对房价预期产生变化,对投机性行为的重点调控导致成交量迅速下滑,持续一段时间后房价开始松动,出现回调。调控的效果与政策的执行力度、信贷利率的紧缩程度以及市场预期的扭转程度密切相关,但调控效果无一例外只是短暂的,房价调整周期一般维持在三年左右,伴随着中央调控的松绑,房价立刻会迎来新一轮报复性上涨。房地产上涨的核心因素并没有因为短期政策的调控而消失，这就需要从政策本身和长效机制的角度找准中国房地产病根，对症下药。

1. 城镇化造就了房地产的十几年的繁荣周期，土地资源分配不合理加剧了供需矛盾

过去十几年中国房地产的繁荣发展一直伴随着人口大规模流动，特别是2001年国家提出城镇化发展战略后，城镇化率从2001年的37.66%增长到2017年的58.52%，城镇常住人口从4.8亿增长到8.1亿，大量人口流入城市催生了巨大的住房需求。而在过去存量住房较少的情况下，庞大的刚性需求给房地产业带来了持续的繁荣。城镇化进程不仅对房地产价格冲击显著且具备长尾效应，是推动房价长期上涨的重要解释因素。[8]另外中国区域和城市之间资源的差距导致了另一种人口流动趋势，即从三四线城市向一二线城市集聚，从中西部区域向东部区域集聚。然而土地指标的供应政策则与此相反。在国家平衡区域发展的政策下，中西部地区从中央分配到的用地指标一直处于上升趋势，从2003年的19.5%增长到2010年的45%。之后这种趋势也并未得到改变，2009~2014年，中部、西部地区城镇土地增幅分别达到27.8%和32.6%，远高于全国17.7%的增幅。另外中小城市用地指标增幅也一直快于大城市，住宅用地的增幅出现了与人口流向十分明显的倒挂现象，这种人口与土地错配的状况加剧了重点大中型城市住房供需矛盾。虽然在2016年城镇居民人均住房面积已经达到了36.6m^2，处于较为合理的区间范围，但结构性失衡的状况却始终没有解决。土地资源的另一个不合理现象就是地方政府对用地指标的分配，在地方获得的建设用地指标中，房地产用地占比在大多数年份都维持在25%左右，而大部分指标都用在了工业用地和城市基础设施建设用地上。房地产用地指标在中央和地方政府两个层级上被挤压，这是东部城市房价涨幅显著快于中西部的主要因素之一。

2. 地方政府得益于高房价，在房地产调控上与中央政府存在分歧

我国自1994年实施分税制改革以来，土地出让和房地产相关产业成为地方政府的主要收入来源。据统计，不少地方政府的财政收入中土地出让金所占的比重超过了50%，[9]高房价相比低房价对地方政府更加有利。在低房价环境下，地方政府无法获得足够的财政税收和土地出让收入，地方经济发展和基础设施得不到有效保障，所以在执行中央调控政策时，地方政府总会根据手中的权限进行调整，让房地产朝着更加有利于自身利益的方向发展,形成了地方政府对房价依赖程度越高,该城市房价上涨越快的情况[10]。地方政府有了推动房价上涨的激励,自然会对房地产市场进行干预,形成了与中央调控政策的行动背离。地方政府影响房地产的途径有多种,其中核心的手段是土地出让制度。地方政府作为土地市场唯一卖方,可以通过土地出让的数量和区位等因素来控制市场价格,达到抬高地价的目的。在2010年后,土地价格的上涨速度明显快于房价,这也是房地产调控抑制未能很好解决的问题之一。在2010年之前,地价占房价的比例从20%缓慢增长到30%,2010年之后地价占房价的比例快速上升,2017年更是占到了68%①。房价的上涨逐渐从需求拉动型向成本推动型转变。第二个途径是通过增加短期内的拆迁规模和拆迁补偿标准来提高市场需求,造成短期内房地产市场供需失衡,抬高房价,这种手段在2016年和2017年三四线城市的棚改货币化过程中体现十分明显。第三个途径则是通过地方政府可干预的财政和金融手段来抵消中央政策的调控效果,比如松绑住房公积金管理、推进异地贷款、提高贷款额度、延长贷款年限、放宽提取条件,还通过对商品房交易契税实施财政补贴等多项举措来扩大购房需求,在一定程度上抑制房价的下跌幅度。正是由于房价上涨,地方政府可以获得很大的收益,导致了地方政府配合中央政府进行房地产调控的意愿不强。房地产调控时间越久,地方政府的抵触情绪越强,一旦中央政府在房地产调控态度上有所松动,一些地方政府就会冒险采取变相松绑的措施来刺激当地住房需求。地方政府财政已经被房地产所绑架,调控政策长期来看是难以被地方政府贯彻实施的。

3. 中央政府房地产调控政策局限性

除了与地方政府在调控上存在分歧外,中央政府调控政策自身也有着局限性,其表现有三:一是调控政策集中于通过短期手段抑制房价上涨,缺乏长期手段稳定房价。短期调控政策虽然具有实施灵活、操作方便、调节空间比较大的特点,但政策目标单一,注重短期效果,政策之间协调性差,造成其他负面影响,部分偏行政化的调控手段更会导致市场扭曲,比如限购限贷、差别化信贷政策,既抑制了投机性需求,也影响了改善型住房需求。限价政策名义上限制了房价上涨,但在供给不足的热点城市推行会造成新房与周边二手房价格出现严重倒挂,套利空间刺激了更多的投机性需求,甚至出现新房

---

① 数据来源:《房地产蓝皮书:中国房地产发展报告(2017)》。

一房难求的现象。限价以强制性压低房价为目标，却造成了市场价格的严重扭曲。棚改货币化政策在三四线城市去库存上起到了很好的效果，但短期创造的大量被动型购房需求引发了三四线城市房价的大涨。短期的调控政策很容易出现顾此失彼的情况，非市场化的调控方式在一定程度上人为地压制了需求或者直接干预了房价，一旦非市场化的调控手段取消，房价上涨的预期和投机性需求仍在，特别是供需存在矛盾的热点城市，房价总会率先出现报复性上涨。其二是调控政策的落实和执行不是完全到位。信贷政策是调节房地产的主要手段，中央政府在调控房地产时也强调了控制住房信贷规模，但就2010~2014年期间的调控来看，住房信贷规模和比例呈现先抑后扬的走势，2013年更是一举超过调控前的水平。信贷政策落实不到位，资金的杠杆效应促使了房价的进一步上涨[11]。三是中央政府对房地产市场的实时反应不够及时，调控政策的制定和出台有滞后性。中央政府两次全面调控的时间点分别是2009年12月和2016年9月。2009年全年房价上涨了45.39%，销售面积增长了24.69%，在房价过热趋势非常明显的情况下，中央直到2009年年底才迟迟出台调控政策；2016年9月，一线城市房价同比上涨了29.40%，二线城市同比上涨了18%，此时中央政府才出台政策抑制重点城市的房地产过热现象。房地产调控不仅缺乏前瞻和预判性，甚至对市场的反应都存在一定的滞后，往往错过了政策出台的合适时机，房地产过热阶段政策真空期的存在给市场提供了炒作的空间。

4. 宏观经济依赖房地产业发展助长了投机性需求

从房地产业成为国民经济支柱产业以来，房地产投资在GDP中的比重呈现出逐年攀升的趋势，房地产业全社会固定资产投资对GDP的贡献从2004年的10.31%增长到2014年的20.40%。在过去十几年，国内经济出现下行压力时，政府都会通过提振房地产市场来拉动GDP增长。从2003年至今，中央政府对房地产调控多数时间保持着从紧的状态，三次政策转向分别发生在2004年国际经济形势低迷、2008年全球金融危机爆发、2014年国内经济结束高增长时代。这种过度依赖房地产的发展方式导致经济结构的不合理越来越突出。在国内投资渠道狭窄、流动性宽松的环境下，房地产在宏观经济中的重要地位让其成为多数民众的主要投资品。宏观经济向好，房地产具有保值作用；宏观经济下行，中央政府鼓励房地产发展，市场预期房价上涨，需求上升引起了真实的房价上涨，这一逻辑在过去重复地被市场验证，导致了房地产市场的炒作风气愈加盛行。如图2-3所示，从2006年开始，住房销售面积和房价的波动性呈现高度一致，在调控政策变化时，刚需的波动性比较小，受影响较大的是投机性需求，房屋销售面积随房价变化大幅同向波动反映了市场中存在大量的投机性需求。投机性需求的存在，反过来加大了房地产市场价格波动，影响了房地产业的健康发展。

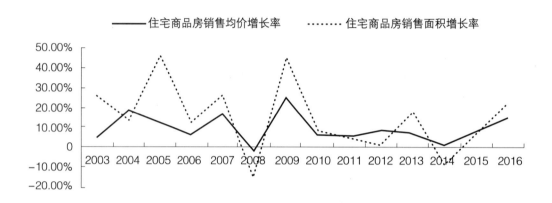

图2-3　住宅商品房价格和销售面积增长率比较
（资料来源：国家统计局网站）

2.4　长效机制的建立

房地产作为国家的支柱产业，对经济的稳定影响重大，但国内的房地产制度建设和发展存在着诸多内外部障碍。资金过度介入房地产、高房价透支居民未来的消费能力、房地产金融风险的积累都对宏观经济产生了巨大的负面影响。中国房地产仅仅依靠短期调控政策是无法消除根本问题的，真正的解决办法还需从政府当前政策和制度的破和立当中去寻求。

1. 重新定义房地产的居住属性

制度是在价值观念认知的基础上构建的，新的制度需要塑造全新的价值观念和认知。在过去，房地产很大一部分是作为宏观经济的政策工具，具有明显投资属性。政府需要改变过去对房地产的这种认知，回归住房的居住属性。理由有二：一是依靠房地产拉动GDP增长的效果越来越弱。图2-4中，2014年第三季度中央政府寄希望房地产投资对GDP增长形成支撑，明确提出鼓励住房需求，在房价和房屋成交量出现大涨的情况下，房地产投资开发额增长率却出现了下降，连续两年处于低速增长。原因在于新房供给不足只存在于重点一二线城市，三四线城市已经处于供需平衡的状态，随着人均居住面积的不断增加，存量房交易将逐渐取代增量房交易，房地产开发投资额也会维持在低速增长状态。二是最近一轮房价上涨，房地产行业的金融风险正在快速积累。主要表现在房价过高、房地产信贷规模增长迅速，住户部门房贷增量由2014年的2.75万亿增长到2016年的5.67万亿，增幅近一倍，而房贷占信贷的比例也快速攀升，由2014年的28.1%上升到2016年的44.8%。此轮放松房地产调控在宏观数据上观察到三个结果是：房价快速上涨、房贷杠杆增加明显、房地产开发投资额处于低速增长，客观经济没有得到提振。直观地说，利用房地产带动GDP增长的核心目标效果有限，反而推高了房价，加剧了房地产市场的金融风险。

图2-4　房地产投资开发额和增长率
（资料来源：国家统计局网站）

回归住房的居住属性，还因为当下的房地产矛盾愈发突出，影响了整个宏观经济结构。高地价和高房价并存，城镇居民的购房压力与日俱增，透支了未来的消费能力。地方政府从房地产获得的收入大多数投资于基建项目，在基础设施建设日益饱和的情况下，政府的投资回报逐步降低。财富从居民向政府转移的结果，就是不断恶化的宏观经济结构，影响的是未来中国经济的潜在增长率。

回归住房居住属性，核心就是解决高房价问题和炒房行为，充分满足社会各阶层的住房需求。只有房地产的长效调控机制和短期调控政策完全以此为出发点和落脚点,才是中国房地产调控制度改革正确的前进方向。在过去,房地产是中央政府拉动GDP的主要投资方向,是地方政府增加财政收入的主要来源,所以才有了中央调控时紧时松、方向不定的政策,才有了地方政府推高地价和房价的激励。房地产在政府眼中并非只是单纯的居住属性,政策决策层重新定义房地产的居住属性,对中国房地产而言是一个全新的开始,代表了最高层对房地产认识和看法的改变,中央政府的调控会更加坚决,其政策目标也会更加明确,对地方政府的约束加强,地方政府行为也会受到更多的监督控制,对政府内部来说,容易在房地产调控上形成比较统一的步调,其效果不仅体现在政策本身,还会影响市场对房地产的预期。

2. 推进房地产税制体系改革

我国当前的房地产税收制度始于1994年税制改革,后逐步修改,形成了一个涵盖十余个税种,并覆盖了房地产开发、交易、保有三大环节的复杂体系。虽然过去20多年房地产税收体系在促进房地产行业发展、调控资源分配、促进政府财政税收方面起到了重要作用,但现行的房地产税收体系依然存在着改革的必要。

我国房地产税税收种类和税率　　　　表2-4

税收环节	税收科目	计税依据	税率
房地产开发环节	契税	土地出让价格	3%~5%
	耕地占用税	新占用耕地面积	5~50（元/m²）
	印花税	土地、建筑合同价款	0.03%~0.05%
	城镇土地使用税	占用土地面积	0.6~30（元/m²）
房地产转让环节	增值税	增值额	11%
	土地增值税	增值额	30%~60%
	城建税	缴纳的增值税额	1%~7%
	企业所得税	应缴纳所得额	25%
	个人所得税	应缴纳所得额	25%
	印花税	转让合同价款额	0.05%

续表

税收环节	税收科目	计税依据	税率
房地产保有环节	房产税（经营）	房产余值	1.2%
	城镇土地使用税	占用土地面积	0.6~30（元/m^2）
	房产税（出租）	租金	12%（个人4%）
	所得税	应缴纳所得额	企业25%，个人10%

由表2-4可知，我国的房地产税集中在开发和交易环节，而保有环节税收很轻，既是税收的不合理，也造成了房地产行业的资源浪费和扭曲发展，积累了一些突出矛盾：一是土地在流通过程中承受了过高的税收负担，抑制了土地市场的正常交易和供给；二是在供不应求的条件下开发可以将税收负担转移给消费者，加大了购房者的成本，推高了房价；三是政府投入的基础设施资金推高了房地产价值，而却没有享受到存量房地产升值带来的税收好处。而随着房地产行业的发展，未来将会进入以存量房为主的时代，过高的交易成本和过低的保有成本是不利于存量房进入交易市场的，这会影响到未来房地产市场的健康发展，所以房地产税的改革是十分必要的。

国外发达国家的房地产税收有值得借鉴的地方。美国在房地产保有环节直接征收不动产税，税率和课税办法由地方政府自行决定，而税收也全部归属地方政府；韩国的房地产税收与美国有所不同，在保有环节是按照其拥有的房地产面积总和实行累积税率，对超过住房面积标准实施重税来打击房地产投机行为；中国香港房地产在保有环节主要征收的是差饷税，是以市场评估价值为计税依据实行5%的比例税制，中国香港地方政府征收的差饷税作为税收中的主要税种，在财政收入中的比例一直很稳定。综合来看，房地产税收主要有几个特点：一是房地产税收是作为地方税收的主要税源，不动产税收入在地方政府税收收入中的比例非常高，例如美国为71.3%，新西兰为89.51%；二是实行"宽税基、低税率、简易税种"的原则，宽税基保证了税收来源的广泛性和稳定性，为房地产税成为地方政府的主要税收来源打下了基础；低税率在于降低了纳税人的税收负担和抵触心理，配合上宽税基，也可以形成一笔庞大的政府税收收入；简易税种既可以免去重复征税的情况，又减轻了税收人员的工作压力和难度；[12]三是重视保有环节的征税，其好处在于降低了投机者长期持有该资产的收益预期，在一定程度上抑制了投机行为，另外促使房地产所有者出售多余房源，盘活了市场中的存量房地产供给，更加有利于房产资源的合理利用，回归住房的居住属性。

我国房地产税收的改革，还需要立足于我国自身的制度和国情。土地出让作为目前地方政府财政收入的主要来源是不可持续的，而房地产税作为稳定的税收来源，在将来替代土地出让收入成为地方政府的主要税收来源是必然的趋势。房地产税收体系的改革方向，除了优化税收结构外，还需要以调节房地产供需矛盾为目标。中国房地产税要达到这样的目标，需要解决房地产税改的几个难点问题，并在房地产税的制定上有所创新。

一是在房地产保有环节对所有居住型住房征税替代土地出让收入是否存在重复收税。这是外界对房地产认识的误区。对房屋的价值可以分为土地价值和建筑物价值，土地私有化国家视土地为个人财产，与建筑物一起作为个人财产按市场价值评估进行征税。我国因为土地权属归国家所有，对土地征收的是租金，类似土地使用税，过去是以土地出让金的方式一次性收取了70年的土地使用租金，而建筑物作为居民个人的财产，实际上征收的是财产税，对居民而言，其实是对个人建筑物这类资产开征新的税收。解决土地出让金重复征税的办法，一些学者提出了双轨制的观点[13]。本书提出的解决方案是在房地产评估健全、专业机构能够权威评估土地价值和建筑物价值的前提下实现的。建筑物的计税依据以市场专业机构的评估价值为准，需要考虑周边公共品供给、折旧等影响。土地的计税依据按照土地增值额，即当年的土地评估价值减去购买房产时政府土地出让价格的差值为准，若当年土地使用税出现负值则用以冲减当年建筑物的应交税金额，此举是为了降低政府短期抬高地价的动机。当土地出让的价格高于专业评估机构的评估价，都会在税收上形成负的价差，也就意味着政府高价出售的土地的超额收益都将以税收形式退还给购房者。而开发商拍卖的地价高于评估价格，也不再像过去可以随意转嫁给买方。所以未来土地的出让价格基本上将围绕着评估机构的价格窄幅波动，任何过高价格拍卖得到的土地，其价格是不会被市场认同，这也解决了地方政府依靠垄断地位推高地价的"地王"频出的现象不复存在。土地增值的收益，主要来源于政府提供的基础设施和公共品投资，在土地所有权归属国家的情况下，土地增值收益归政府所有合情合理。土地使用税的税率要确定为低税率的原则，要低于1%的税率，并且税收所得要与中央平分，这样有效降低了地方政府抬高地价的动机。而地方政府在土地使用税上被中央划走的部分，中央可以通过提高其他税种地方分成的比例进行弥补。地面建筑物的税率制定就相对复杂，需要在确认土地税收规模后，在能够有效确保地方财政收入平稳过度的前提下确定税率，未来的房地产税设计中，建筑物相比土地部分，是税收贡献的主要来源。而建筑物作为私有财产，按其价格和居住面积可以实施累进制税率，既要减轻低收入家庭的税收负担，又要加大对大户型、高房价房产的征税力度。这就做到了以税收手段来调控住房供给结构和投机需求。

二是对建筑物开征财产税实际上是新开了一种税源，增加了居民的税收负担。社会上难免会出现负面声音，增加房地产税的改革阻力。这就需要中央政府对居民的税收进行调整，比如在推出房地产税改革的同时配套进行个人所得税调整，提高起征点，降低每一层级税率，同时提高对低收入城镇居民的补贴力度等，缓解居民增加的税收负担。这种通过中央让利的方式，不仅比一般转移支付解决地方财政问题更有效率，也有利于减轻房地产税改的推行阻力。

现行的房地产税收体系已经越来越不适应当下的房地产市场，其对房地产市场发展更多的不是促进而是制约。改革的必要性和紧迫性犹如箭在弦上，势在必行。当然房地产税收体系改革也不能一蹴而就，需要兼顾法律、财政、税收和社会稳定等多方因素影响。这是一项大的系统性工程，在实施之前，还需多方论证，找出最佳的政策方案。

3. 中央和地方层面合理规划住宅用地供应指标，着重解决地方政府土地财政问题

地价对房价的影响越来越大，地价的核心问题就是土地问题，而且是一个长期积累的问题。首先需要改革的是土地供应制度。中央区域平衡发展政策导致了现行的土地供应指标和人口流向规律相反，加剧了不同城市之间的房价分化现象。土地供应指标应当根据不同城市的人口流动情况，采用"人地挂钩"的模式，比如城市当年的新增住宅供应面积可以根据前三年的人口流入均值来确定。另外在地方土地供给上，我国绝大多数城市存在工业用地比例偏高、住宅用地比例严重偏低的问题。除了提高住宅用地的比例外，还需要解决地方政府垄断土地供给的现状，这也可以通过放开农村集体建设用地直接进入住宅租赁市场来增加土地供给弹性，防止地方政府通过其垄断地位来控制市场价格，达到抬高地价的目的[14]。其次是解决土地财政制度下地方政府对土地出让收入的依赖。在土地出让金作为地方主要收入来源的情况下，解决土地财政问题需要从两个方面入手：（1）调整中央和地方政府之间的财权事权分配。中央和

地方财权事权不匹配的问题由来已久。在财政收入方面，地方政府占比接近50%，在财政支出上地方政府所占比例持续攀升，从2002年的65.3%上升到2017年的85.3%。2017年地方政府新增债务8.2万亿元，中央实现财政盈余5.1万亿元。地方政府土地出让收入占财政收入比例在2017年达到了57%，在财政压力下，地方政府最直接有效的办法就是通过推高地价来获得财政收入的增加。可以通过提高中央对地方的一般性转移支付比例，重新划分中央和地方归属税种的分配比例来提高地方政府的收入来源。（2）调整对地方官员的激励机制，规范政府的土地交易行为。重视GDP的考核机制让地方政府将更多的土地指标用在了工业园区规划和招商引资等用途，挤占了住宅用地指标。住宅供给的减少反过来推高了房价和地价，增加了政府的财政收入。应引入科学的政绩观，加大对政府土地交易的监管力度，对地方政府干预房地产市场的各类行为形成有效制约[15]。

虽然不少文献研究都从不同角度对土地财政问题进行了讨论，并提出了一些政策建议，但在当前的房地产税收制度和分权体制下，不管如何进行调整，地方政府抬高地价后提高财政收入的基本事实没有改变，地方政府抬高地价的强烈动机没有减弱。如果将土地收入从地方政府收入中剥离出来划归中央，虽然能够解决地方政府的激励问题，但土地出让金的数量级太大，中央若要弥补地方财政的损失，就需要对现行的全国税收体系进行系统性调整，其政策成本比单独进行房地产税收体系改革的还要高。所以期待土地财政问题的彻底解决，只有寄希望于房地产税收体系改革，从而基本上消除地方政府抬高地价的动机。从土地财政角度出发，也给房地产税的改革提供了理论支持。

4. 完善住房供给结构，发展和壮大住房租赁市场

建立房地产长效调控机制的主要目标之一就是针对不同阶层、不同年龄的群体提供合适的住房供应类型。租房市场可以满足低收入、低年龄段群体的居住需求，既可解决低收入者住房得不到满足的现实矛盾，又缓解了单一通过购买方式解决住房需求的压力。国内的住房租赁市场发展相较于发达国家还是比较滞后的。链家研究院2017年的研究发现，我国一线城市租赁房屋占比约为20%，租赁人口占比却在35%~40%之间，租赁住房供给不足的现象比较明显。而国际大城市中，香港的租赁房屋和租赁人口占比约为45%和40%，东京约为50%和40%，美国的旧金山、洛杉矶、纽约租赁房屋占比和

租赁人口占比约为65%和55%，国内的住房租赁市场，特别是高房价的热点城市，还有很大的发展空间[16]。从国外的发展经验来看，住房供应体系也不应该只遵循简单的一元化发展路径，租售并举的方式更有利于房地产行业的健康发展。

坚持和发展住房租赁市场，是房地产调控长效机制中必要的一环，它将对房地产行业产生重大影响，包括人口、房价和户籍制度等。推进住房租赁市场建设，一是要引进机构投资者。政府要出台配套的产业扶持政策和资金支持，初期要发挥好国有企业的主导作用。目前国内住房租赁市场规模小，投资的回报周期长，市场资金参与热情不高，供给主体以居民个人为主，前期需要政策配合国企介入，为租赁市场慢慢打牢基础[17]。二是调节好租售不同权的问题。租房与自有产权房附带的权属是有区别的。地方政府可以根据产业和人口政策在住房租赁市场上采取弹性策略。城市希望引进更多人才和劳动力人口，就可以在租赁住房上提供更多的附带权利，例如租房落户、租售同权等。另外，地方政府在未来也应逐步增加租赁用地的供给力度，扩大租赁土地供给占比。租赁住房本身也会刺激房地产的开发投资，并且较低的地价也降低了项目的经营风险，更重要的是实现住房供给结构更加合理。三是加快推进住房租赁市场的法律和制度建设。欧美等房地产市场成熟的国家在住房租赁市场上都建立起了完备的法律体系，特别注重保障合同中处于弱势地位的租房者利益，严厉打击租赁市场的投机行为[18]。对于目前房价波动较大的情况，政府应对租金设置政府指导价，房东对于租金的浮动上限不得超过一定比例。租赁合同要严格按照合同约定执行，单方面违约的成本必须要高于违约可能得到的收益。要规范租赁市场中中介部门的各类行为，防止市场欺诈和变相抬高租金。一个规范的住房租赁市场运行，需要一个完善而成熟的法律体系作为保障。

2.5 本章小结

房价的短期波动虽在所难免，但要想破局当下国内房地产市场的种种矛盾，长效机制的建立必不可少。只有建立好了完整的长效调控机制，短期调控效力才会得到更好的发挥。未来长效机制整体框架的建构需要政府理顺房地产发展的价值取向，合理的建设方向应是在坚持市场化导向为前提下做好保障性住房工作，满足社会各阶层多样化的住房需求；既通过完善制度建设来实现房地产市场的长期平稳发展，又能够阶段性地采用一揽子短期调控手段抚平房价波动，差别化针对不同城市进行分类调控。只要坚持正确的制度改革方向，中国房地产市场中的深层次矛盾就能够迎刃而解。（感谢合作者李军对本章节的贡献）

第3章 货币视角下的房地产长效机制

本章作者：赵燕菁

> 中国房地产调控长效机制之所以难，就在于无论导致高房价的市场解决方案，还是导致供给不足的行政解决方案，都无法持久。无论是"炒"还是"住"，住房机制都对经济的其他部分产生着直接和间接的巨大影响。设计房地产调控长效机制决不能就住宅论住宅，而是要把住宅政策对经济社会的外溢效应一并考虑，其中最主要的一个外溢效应，就是住房对信用体系的影响。在讨论住房与信用关系之前，先提出基于信用的增长假说。

作者简介

卡迪夫大学博士，厦门大学建筑、经济学院教授。中国城市规划学会副理事长。

3.1 分工模式：集体主义与自由主义

米塞斯在《货币、方法与市场过程》[19]一书中说："基于劳动分工的社会合作，是人在为生存而进行的斗争、为尽可能地改善个人物质状况的努力得以成功的终极的和唯一的源泉。"按照"斯密-杨格"的理论（杨小凯，2003）[20]，所有的经济增长，究其本质，都源于分工制度的进步。这一陈述将增长问题转化为分工问题——增长模式的选择，就是分工制度的选择。

分工就是人与人之间交易，其最大的障碍就是交易成本。交易成本主要有两个：第一是计算的成本，第二是信任的成本。所谓计算的成本，就是当参与交易的商品种类超过三种后，计算两两商品之间的均衡价格就会变得极为复杂，这种复杂性会随着商品种类的增加呈几何级数增长。所谓信任的成本，就是当商品需要跨时间分工和空间交易时（非即时交换），交易双方为确保兑现承诺所支付的成本。信用不足会限制交易的时空范围。

为了克服这两个交易成本，人类创造出一种被称作货币的制度。所谓货币，就是一种专门用来做交易媒介的商品，所有的商品只要知道和货币这种商品的比例关系，就可以确定相互之间的比例关系。罗斯巴德[19]在解释米塞斯的货币起源论时提出："我们可以一直向前推到古代某个时刻，当时，充当货币的实物还不是货币，而仅仅是一种有其自身用途的交换物品，也就是说，当时，人们之所以需要充当货币的商品（比如黄金或白银），仅仅是因为它们本身就是可供消费、可以直接使用的物品。"（米塞斯，2007，P331）[19]。

几千年来，货币的形态已经发生无数次变化，但其商品属性从未改变，因此这种货币被定义为商品货币。图3-1是五种商品交易的场景。如果每个商品的生产者要完成与其他生产者的分工，就需要四组价格。分工的生产者越多，要确定的价格数量就越多，寻找不同价格之间均衡的难度就会呈指数级增长。

如果其中一个商品被拿出来作为交易的媒介——"货币"，剩余四个商品的生产者只需要一组相对"货币"的价格，就可以完成与其他商品生产者的分工。只要有足够的货币，无论商品种类如何增加，市场只需知道该物品与货币的一组交换比例，就可以知道该物品与所有种类物品间的交易比例。计算的成本因此可以大大降低。

同样，货币的出现为跨时间和跨空间的交易提供了可信的工具。一个农夫用不着担心春天借出去的种子是否在秋天得到归还，他只需获得货币，交易马上就可以完成。一个猎人也不用担心商人卖出猎物给他不认识的农夫，只要商人付出货币，猎人和农夫的交易就已经完成了①。这一模型描述了商品货币两个重要特征：

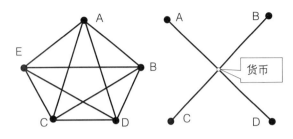

每个商品需要找到四组价格　　每个商品只需找到一组价格

图3-1　商品交易与货币产生

第一，商品货币是有成本的，这个成本就是用作货币的商品退出使用的机会成本，比如盐、绢帛、贵金属、贝壳串珠或干脆一组商品（再如监狱里充作货币的方便面就不能再来被食用）②。

第二，这一商品广泛地供不应求。由于商品货币本质上是过去剩余的积累，在商品数量一定的情况下，增加货币就要减少消费③。这就像水资源一定的情况下，水库里的水越多，可用于灌溉的水反而越少。正如门格尔所言：当最适销商品用于交换其他商品而非满足消费所需时，就产生了货币（Carl Menger，1871）[21]。

想象一个10种商品之间的分工。每种商品参与市场分工带来的收益分别是1～10元。货币作为一种供不应求的商品，假设其数量只能满足三个产品4组交易，按照供不应求消费者竞争决定价格的规则，边际消费者所能支付的最高价格决定了货币的价格。在这个例子里，货币的价格就是7元。显然，货币供给越多，能够参与货币交易的商品就越多，社会分工就越发达。而当货币数量不足时，那些收益较低的商品就会被排除在

---

① 正是由于这一特征，决定了中心式的货币支付的计算成本远低于分布式的货币支付。比特币客户端Bitcoin Core每秒只能处理5~7笔交易，而Visa每秒可以处理25000笔交易。
② 在这里要小心区分商品货币与货币符号（比如纸币）的差异。只有"锚商品"才是真实货币，所谓通货膨胀不过是"锚商品"与"货币符号"比值的变化。真实货币与其他货币间不存在通货膨胀，即使纸币被指定为"法币"，其价值也取决于发行者真实货币的多寡。
③ 这是由于商品经济的本能，就是把尽可能多的物品纳入交易范围。如果交易扩大，需要的货币越多，就要从实物财富中拿出更多的一般等价物作抵押发行货币，这也意味着如果商品货币增加，可用于交易和消费的实物财富就会减少，也就是说以剩余积累为信用来源的货币，永远少于交易实际需要的信用。由于货币数量供给难以和商品种类和数量维持等比例增加，其结果就是商品货币（一般等价物）一定供不应求。

货币分工体系之外（图3-2）。

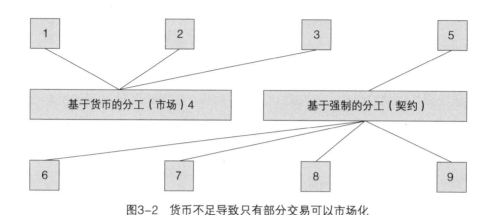

图3-2　货币不足导致只有部分交易可以市场化

这个模型揭示了货币数量对商品相对价格影响的一个重要特征，那就是当对货币需求无限大时，货币的增加并不会改变商品之间的相对比值，而是改变了分工的规模和深度。在图3-2的例子里，边际上的商品价格为1时，每增加一个单位的货币，所有原商品的价格就相对上浮1元。这意味着原来卷入分工的商品价格会上升，但是总的商品加权价格不一定上升。比如，理发、猪肉等传统商品的价格会随着货币增加变得更贵，但商品的种类却增加了，很多新产品的价格下降使得包括新商品的加权价格（通货膨胀）并不一定增加。这个模型很好地解释了物价随经济增长分化，区分了物价上涨和通货膨胀——后者是当货币商品供大于求时才会出现的货币现象。

很显然，当货币数量不足时，很多商品或服务无法用货币交易，从而不得不退而求其次，用效率较低的合约契约分工。为了方便后面的讨论，在本书的讨论中将基于货币的分工制度定义为"市场"①[19]，基于合约（强制或资源）的分工制度定义为"契约"。在这种情况下，增长问题就转变为用什么模式展开分工的问题。

循此，人类解决分工交易成本问题就出现两种相互竞争的文明，一种增长道路是基于集体主义的文明，主要是通过专制、服从、信仰、禁忌等社会契约降低成本，完成分

---

① 米塞斯在谈到货币与市场的关系时说："市场的根本在于协调供需的各种要素，这一概念正是现代理论建立的基础，且必须以其为基础，如果没有货币的使用，那么这一概念是不可设想的。"（米塞斯，2007，P79）

工[①]；二是基于自由主义的文明，主要是通过货币等市场手段，在自由交易的基础上降低成本，完成分工。

在古代社会的大部分时间里，货币非常稀少，只有交易成本降低带来收益最高的少数商品和服务可以通过货币实现分工，市场在经济中的比重长期维持在较低的份额。在这样的时代，集体主义文明是社会分工的主要形式。社会进步主要体现在不断发现和创造分工效率更高的契约形式（如家庭、宗教、军队、公司、政府），通过社会契约分工的模式，在计划经济时代达到顶峰。

第二种增长道路基于一个基本的假设：货币分工的效率远大于契约分工的效率。由于货币数量不足，经济的潜在生产力被抑制了。释放这部分潜在生产力的前提，就是获得足够的货币。只要货币增加，全社会的分工水平乃至生产力就会提高。这就是所谓的货币数量增长理论。

假设同样的要素下，集体分工创造的财富是1，而货币分工创造的财富是10，仅仅货币的增加，就可以将社会生产效率提高10倍。由于基于货币的分工交易成本低，经济协作的效率远远高于基于契约的分工，于是经济就被分为高生产率的市场经济和低生产率的集体经济。而多少分工能采用高效率的市场模式，则取决于货币数量的多少。在以真实商品作为货币的时代，相对于交易需求，通货恒定供不应求，货币问题也因此成为所有文明经济增长的核心。

货币数量影响经济增长的原理既不是货币创造的真正的财富，也不是货币把未来的财富"贴现"过来寅吃卯粮，而是通过分工效率的提高，将被货币不足抑制的分工潜力释放出来。货币数量增长理论所关心的中心问题，就是如何创造有效率的货币制度，从而解除货币不足对高效率分工的限制[②]。

货币增加不会导致通货膨胀而是带来社会分工的深化这一假说，是货币数量理论与

---

① 比如以家族、宗族为基础的血缘组织；以国家、军队为基础的暴力组织；以企业、公社、家庭为基础的经济组织。传统社会里的宗教、习俗、禁忌、道德，从某种意义上讲，都是不依赖货币创造人际交往的信用体系，从而降低交易成本的社会分工制度。
② 同样道理，一旦货币消失，经济也会按照同样的比例成倍萎缩。由于货币和非货币是两种完全不同的分工制度。两种制度转换必定导致剧烈的社会动荡。按照这个理论，可以得出判决式的推论。第一，商品货币存在的前提是货币供不应求，在这种情况下，货币数量的增加不会带来通货膨胀而是带来商品（或服务）种类的增加；第二，货币的增加会导致传统依靠集体主义文明的分工模式的解体；第三，货币的减少会导致经济增长的逆效应——经济萎缩，也就是商品、服务及相关就业的减少，经济重新向传统的组织分工复归。

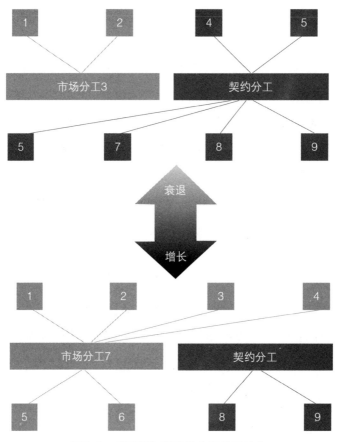

图3-3 货币增加带来的市场分工扩大

传统货币理论最大的不同。李嘉图和米塞斯在经济学的很多方面互不兼容甚至完全对立,但在货币问题上却完全一致。罗斯巴德认为米塞斯证明了李嘉图的洞见:"除了用于工业生产的消费的黄金外,货币供应量的增加对社会不会带来任何好处。……货币供应量的增加只能是稀释购买力;它不可能增加产量。如果每个人钱包或银行里的钱都在一夜之间增加三倍,社会不会有一点点改进。"(米塞斯,2007)[19]

正是基于"货币中性"的传统理论,奥地利学派没有能将现代信用货币纳入其研究范畴,更没有能将增长与货币这一现代经济最重要的工具联系起来。在奥地利学派看来,分工和知识的进步完全基于不断而缓慢的积累。他们完全无视货币数量与经济增长如影随形的相关性,自然也解释不了货币数量远超过去的今天,通货膨胀(不是物价上涨)现象反而消失了。

3.2 市场经济模式的崛起

按照货币数量理论，创造货币就站到了经济增长的核心位置。怎样获得足够的货币，成为经济增长的关键。无论什么样的货币形态，其背后都是信用。商品货币必定是由相互竞争的商品在广泛的交易过程中形成的。效率较高的信用，成为货币的主要供给形式。

起初，政府只是货币供给竞争者之一。但由于政府可以通过提供货币这一公共服务参与与其他政府的竞争当中，货币与空间主权的重合成为现代经济的主流模式。此时，主权"空间-人口"规模的大小与货币供给数量的多少就会对分工的深度和广度产生不同的影响。

在同等货币数量下，交易范围（空间-人口规模）的扩大，必然导致交易深度（商品与服务种类）的减少。当货币数量一定时，交易规模和种类存在"替代-取舍"（Trade Off）的关系，规模大则种类少；规模小则种类多。货币供给不变的情况下，交易规模（广度）越大的经济体，分工水平（深度）就越低。而一旦货币供给扩张，市场的深度和广度 M 都会被成倍放大。

这组关系可以解释货币创造与市场规模奇妙的对应关系。相对于大国，规模较小的经济体更容易获得支持其深度分工的足够货币数量。这就是为什么在货币不足的年代，常有小国获得与其自身规模不匹配的国家力量，大国反而很难成为高收入的经济体；反过来，如果大国克服了货币约束，其分工的范围和深度就会远超小规模经济体，从而市场上形成对小规模经济碾压性的优势。

这也解释了从大航海时代开始的霸权国家更替，为何先是从百万级人口的西班牙、葡萄牙开始，然后是千万级的英国、德国，后来轮到亿级人口的苏联、美国（翟东升，2010）[22]；为何中国崛起对世界的影响远超当年的"四小龙"甚至日本。这背后，货币数量所能支持的分工规模在国家经济竞争中起着关键的作用。

正如货币数量理论所预期的那样，1750年前后，欧洲以贸易为主的小型经济体（荷兰，以及更早的威尼斯），最早发展出一种信用制度，用来交易"未来收益"（图3-4）。这一新商品的出现，极大地扩大了市场分工的时间维度。伴随着大航海时代的开启，以贵金属为代表的货币迅速向贸易繁荣的地区汇集，有力地促进了市场经济的发展。这些贸易枢纽地区率先克服货币约束，形成基于货币的市场经济分工。集体主义文明（包括基于宗教、血缘的政权）逐渐解体，自由主义文明开始兴起[①]。

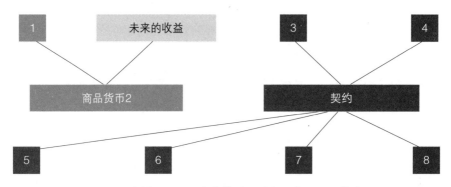

图3-4　新商品——"未来收益"受商品货币不足约束

随着财富的增加，跨代传递（储蓄）和交换财富的需求变得越来越重要。在没有银行制度的时代，财富只能通过货币收藏、贮存来传递财富。结果大规模货币窖存，导致用于当下交易正在流通的货币更加不足。货币减少的直接结果就是社会分工水平不断下降，直至经济崩溃，货币与缩小的市场交易重新匹配，经济开始新一轮循环。货币角度的经济循环理论，解释了为何重视储蓄贵金属的王朝，往往会越贫困（陈志武，2009[②]）。财富积累与通货紧缩共生的诅咒，给以商品货币为基础的传统经济设置了一个难以突破的天花板。

大航海时代开始，商业枢纽国家发现"顺差生成货币"可以避免财富代际转移带来的繁荣魔咒。追求贸易顺差以获得货币取代实物掠夺，成为资本主义扩张的新形态。以贸易顺差为手段获取货币进而增强国内分工水平的增长模式，诱发了两次世界大战。表面上看，帝国主义列强争夺的是市场，是贸易顺差，但实质上，其背后争夺的却是货

[①] 以亚当·斯密为代表的鼓吹市场分工好处的自由主义经济理论正是这一社会背景下的产物。随着市场分工模式在增长绩效上全面压倒非市场的分工模式，基于市场的分工经济理论，随之成为经济学科的主流信仰。通过货币这一"无形的手"组织分工，成为主流经济学家的"共识"——凡是基于集体主义文明的分工制度，都被认为是反市场的，因而也是错误的。直到1936年科斯在《企业的性质》中提出著名的发问"假如生产是由价格机制调节的，生产就能在根本不存在任何组织的情况下进行，面对这一事实，我们要问：组织为什么存在？"（R. H. Coase, 1936）[23]，组织在分工中的作用才重新被经济学"发现"，通过组织降低分工成本（交易成本）模式才又进入经济分析的视野。

[②] 陈志武. 金融的逻辑. 国际文化出版公司，2009-8-1。

币，是分工所必需的信用。

正如凯恩斯（1936）[24]在《就业、利息与货币通论》中所言，"增加顺差，乃是政府可以增加国外投资之唯一直接办法；同时若贸易为顺差，则贵金属内流，故又是政府可以减低国内利率、增加国内投资动机之唯一间接办法。"凯恩斯发现"若为逆差，则可能很快就会产生顽固的经济衰退。"

文艺复兴到大航海时代，出现大规模交易"未来收益"的商业需求。在货币充裕的商业枢纽地区（威尼斯、荷兰等海上贸易经济体），发明了一套制度，使"未来收益"逐渐从实物商品中脱离出来，成为一种特殊的商品——资本（如债券、股票、不动产等），这为约翰·劳在法国（Antoin E. Murphy，1997）[25]、汉密尔顿在美国（Richard Sylla，2010）[26]探索信用货币——也就是将货币的供给与实物商品脱钩，转而以"未来的收益"为锚——提供了制度工具。

特别是汉密尔顿设计的美元制度，是第一个没有以实物商品作为信用的大型主权货币。尽管这一制度遭到了杰斐逊主义者长期的阻击（戈登，2011）[27]，但其埋下的制度种子，使美国最早摆脱商品货币不足带来的约束，为美国的城市化和工业化提供了大量的资本，美国也因此成为市场经济和自由主义文明的灯塔。

20世纪70~80年代布雷顿森林体系逐步解体，美元正式与黄金脱钩，信用货币在全球开始取代商品货币成为主导世界贸易的主流货币形式。"贷款生成货币"取代"顺差形成货币"使美元成为第一个彻底摆脱商品约束的现代货币。

美元如同当年的美洲白银一样，通过发达的资本市场，源源不断地输往世界各地，为世界贸易提供了巨量的公共产品——货币。货币分工（市场经济）模式携降低

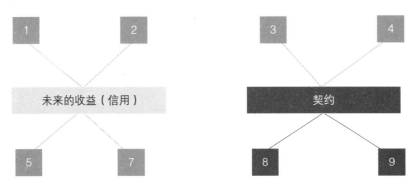

图3-5　信用货币的创造

交易成本的显著优势，催生了大量自由主义商业模式。市场经济和自由主义文明借助美元这一人类历史上第一个跨越主权的全球货币而席卷全球，货币成为推动全球化市场的核心发动机。

也正是在货币大潮的拍击下，以苏联为代表的集体主义文明开始坍塌。表面上看，美苏争霸是市场经济与计划经济间孰优孰劣的判决性试验，背后却是货币制度变迁的结果。信用货币开启了人类分工的全新时代。

20世纪90年代开始，从家庭到企业，从计划经济到市场经济，所有非货币信用的分工模式都在开始解体。政府在外包，企业在缩小，大市场在倒闭；非传统、分布式的商业模式（网店、自媒体）开始风靡；代际交易的货币化，甚至导致家庭生育意愿的急剧降低。特别重要的是，传统的货币现象开始消失，新的货币显示出越来越多的"反常"，尽管美元开启了前所未有的扩张周期，但通货膨胀反而消失了（Paul Romer，2016）[28]。

按照货币数量理论，在货币需求无限大的条件下，增加货币供给会带来社会分工的加深而不是通货膨胀。图3-7显示，美国在货币增加后，传统商品和新加入分工的商品价格分化。可以看出，全球化特别是中国加入分工后，相关产品的物价出现下降，而传统产品出现上升，史无前例的货币制造没有导致史无前例的通货膨胀（货币供大于求），而是全球经济的大分工。一个直接的推论就是，如果没有全球化，美元的供给不可能达到如此规模。反过来也意味着，如果美元紧缩，首先牺牲的将是货币分工收益较低的中国，而美国的物价不会下降，而是会上升。

这同时也意味着，如果中国创造出独立的货币生成机制，不再依赖美元分工，中美这样的互补关系就会结束。这正是2008年以后，泡沫高涨的土地财政带来的意想不到的经济效果。信用货币全面取代商品货币，彻底改变了传统的竞争规则——在新的经济竞争中，谁能创造更多的信用，决定了谁能主导市场。货币制度犹如一个平台，为搭载在其上的商业模式带来碾压性的优势。

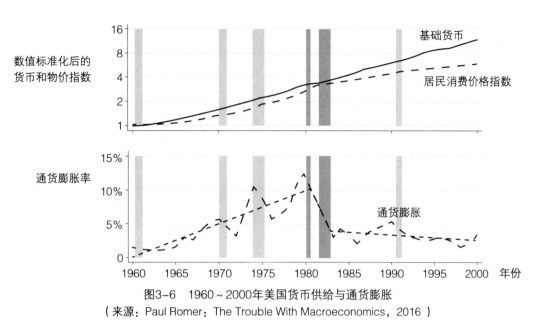

图3-6　1960~2000年美国货币供给与通货膨胀
（来源：Paul Romer：The Trouble With Macroeconomics，2016）

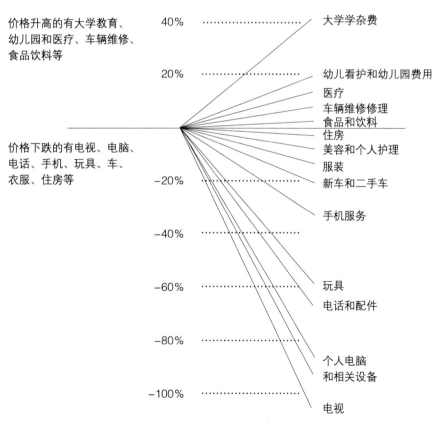

图3-7　2005~2014年美国物价的分化
（数据来源：美国劳工统计局（U.S. Bureau of Labor Statistics）

3.3 解释中国经济的增长

解释中国过去40年奇迹般的崛起，一直是主流经济学的一个热点问题。现实中，中国已经走通的增长模式，在经济学模型里却走不通。货币增长假说，为理解中国经济的变迁找到了一个新的视角。

秦朝形成大一统国家后，虽然市场规模得以扩大，但根据货币数量增长来说，却会导致货币数量的不足，结果就是分工水平下降。这就可以解释为何在春秋战国分裂时代，中国就达到了较高的分工水平（比如管仲所在的齐国），而大一统后的多数朝代直到改革开放前，农业都一直是中国单一的最大产业，商业则维持在非常原始的状态[①]。

历史上由于货币增加创造过几次商业繁荣，但最终都因遇到货币瓶颈而倒退回非货币分工的经济模式。这其中"货币窖存"——因繁荣产生跨代传递财富的需求——乃是造成市场通货不足[②]，从而终结商品繁荣的重要原因之一。货币分工系统的坍塌，制造了大量无法回归土地的流民，导致传统政权周期性更替。以致到了今天，农民能否保持重归土地的渠道，依然是政策制订者维持社会稳定优先考虑的因素。

可以说，从秦始皇建立大一统社会开始，中国经济就被锁定在非货币分工的集体主义文明之下。通过非货币的契约实现高水平的分工，成为中国经济增长的主要模式（费孝通，1948）[29]。在改革开放前，中国集体主义文明下的计划经济达到极致。由于缺少贵金属，中国不得不采用比贵金属更原始的实物信用，即以一揽子实物商品（体现为严格按照储蓄多少发行纸币）为锚（图3-8）。这一阶段的货币创造可以简单描述为"储蓄创造货币"。这一效率极低的货币制度，将社会分工压抑在极端原始的水平。

20世纪70年代末，正是布雷顿森林体系解体后，全球经济渐渐摆脱商品货币约束的时代。在这一大潮兴起的时刻，计划经济已经走入绝境的中国审时度势，主动开始向以货币分工为基础的市场经济转型[③]。中国历史上最伟大的商业崛起就此展开。

---

① 中国历史上的几次商业繁荣，都同货币供给的增加（人口与货币数的对比）密切相关。一旦人口增速超过货币增速，经济又会从商业繁荣周期进入农业稳定周期。
② 陈志武先生对比1600年时不同的国家，发现当时的"发达国家"都是国库深藏万宝，像明朝中国藏银1250万两、印度国库藏金6200万块、土耳其帝国藏金1600万块、日本朝廷存金1030万块，但最后的发展都输给负债发展的欧美国家（陈志武，2009）。
③ 其结果同被市场经济摧毁才开始改革的苏联形成鲜明对比。

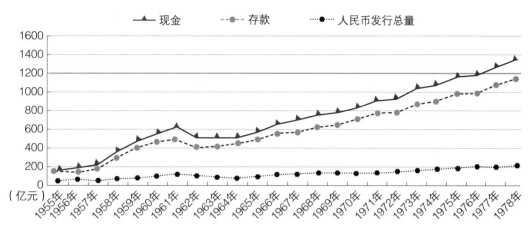

图3-8 计划经济时代人民币发行总量几乎完全等于存款与现金之和

所谓改革开放，就是用货币分工取代计划分工。货币供给不足的问题立刻重新浮出。

1988年，弗里德曼（Milton Friedman）到访中国并受到了时任国务院主要领导的接见。根据张五常（1989）[30]记录，在会谈中，国务院领导介绍了当时改革面临的问题："我们感到改革要深入，就要进行价格改革。……价格改革不是简单的价格调整，主要是形成价格体系的机制，即由市场来决定价格……就是要把实行双轨制的部分减少，把国家控制价格的部分减少。但是，正当我们准备进一步进行价格改革时却出现了难题，即明显地出现了通货膨胀。因此，我们不能不把今后的价格改革同治理通货膨胀一起来考虑。"

中国政府提出了正确的问题，但不理解新的货币制度的主流经济学家却开出一个错误的药方。在弗里德曼看来："如果放开价格，仅是部分商品会涨价，在最初几天，人们可能会感到痛苦，但很快会发现价格并不一定会轮番上涨。"①[30]

但实践却证明，主流货币理论的预期是完全错误的，在商品货币（计划经济实际上是以一揽子实物商品作为信用）不变的情况下，中国试图增加纸币解决市场货币化问题，其结果毫无悬念地导致了巨大的通货膨胀。1988年雄心万丈的"价格闯关"以失败收场。

随后的改革，中国采取了两条道路来解决交易媒介短缺的问题。

第一条路，就是英国式的重商主义道路，通过贸易大量出口获得硬通货。也就是发端于赵紫阳时代，到朱镕基时代臻于极盛的"国际经济大循环战略"（王建，1987）。这

---

① 张五常引用弗里德曼的对赵紫阳之问的回答（张五常，1989）。

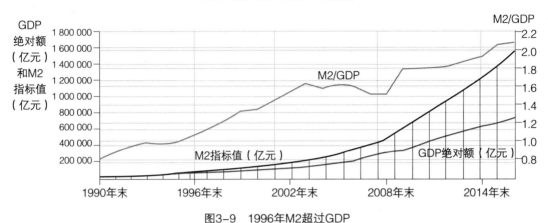

图3-9　1996年M2超过GDP

（来源FTChinese，刘胜军：中国房价泡沫收场的N种姿势，2017年5月4日）

一战略的成功创造了大量的顺差。结汇成为人民币生成的主要来源。尽管1996年广义货币（M2）首次超过GDP后，中国发行的货币远超导致20世纪80年代后期和90年代前期几次大通胀时的规模。但通货膨胀就此消失，取而代之的是社会分工迅速形成，城市化水平大幅提高，商品经济前所未有的繁荣。这同明朝白银输入中国后的经济效果完全一样。

问题是，为什么以前中国不能走重商主义的道路（贸易顺差诱发鸦片战争）？为什么这条路以前容纳几个列强就导致世界大战，而今天的世界可以吸收如此规模的中国出口？其中的关键，就在于20世纪70～80年代略早于中国改革开放的布雷顿森林体系解

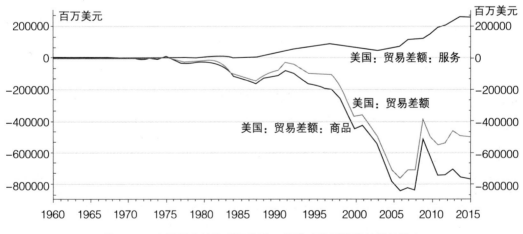

图3-10　布雷顿森林体系解体后，美国对世界的逆差持续扩大

（来源：WIND资讯）

体。正是这一伟大事件，使得世界的主导货币模式从商品货币（金本位）转向信用货币（债务本位）。

信用货币使为世界贸易提供货币的美元不再受到实物商品的限制，只要能创造出信用，就能创造出足够的货币。顺差对美国来讲不再重要，反而是逆差可以将"未来收益"（债务）这一商品卖给全世界。美国国家信用的货币化给世界贸易提供了最重要的公共产品——美元。而对中国而言，美元就相当于贵金属（如明朝通过贸易流入中国的白银）。1994年中国汇率改革（简称"汇改"），人民币生成开始与实物脱钩——不再与储蓄挂钩，而是改与美元挂钩。通过外汇占款方式流入市场的货币，逐渐解除了中国经济市场化的最大约束——货币不足，可以说，中国如果没有通过对外开放加入美元体系，就不可能有后来的向市场经济的转型。

1993~1996年中国的外汇占款平均为2400亿人民币/年，1997~1999年亚洲金融危机期间外汇占款额为700亿元人民币/年，2000年突破3800亿人民币，自2003年中国加入WTO后，2004~2009年外汇占款发行分别为1.709万亿人民币、1.707万亿人民币、1.965万亿人民币、3.491万亿人民币、2.953万亿人民币和3.094万亿人民币，年均2.5万亿人民币/年。摆脱了实物货币不足的约束后，巨量的流动性使得在中国以前不能被商品化的商品和服务得以被交易。

第二条路，就是美国的路，通过资本货币化创造市场分工所需要的信用媒介。正是这一条路，把住房推向了国家增长模式的中心。资本货币化的前提是要有资本，而这恰恰是包括中国在内的发展中国家最短缺的。现代国家无一不是税收国家，只有稳定的国家税收，国家才有信用，才能据此提供社会分工所必需的公共产品——货币。当年汉密尔顿发行的美元，就是建立在联邦政府未来税收基础上的债券。

从商品货币转向信用货币的关键，就是货币要脱离实物商品同"未来收益"挂钩。也就是"贷款生成货币"。货币发行的规模取决于信用的多寡，其中最主要的就是资本市场。在改革开放初期，资本市场刚刚起步，很难当此重任。但中国却独辟蹊径，在不经意间创造了一套以土地财政为基础的资本生成模式。这一模式就是首先将城市土地国有化，然后政府垄断一级市场，此时的土地价格就是未来地租的贴现，而地租的本质是未来政府公共服务的价值，一级土地市场就成为交易城市未来公共服务的"股票"市场。

从图3-11可以看出，2008年以后，结汇生成的货币占比迅速下降，以国内资本（主要是房地产）为"锚"生成的货币占比迅速增加。中国的货币摆脱了对顺差的依赖

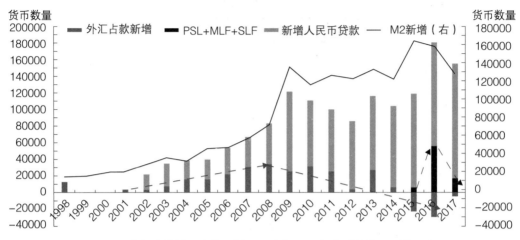

图3-11　外汇占款增量占货币增量比重自2008年达到高峰后开始下降

成为真正的"自主货币"。现代信用货币制度的建立，使中国一跃而成为资本生成大国。2009年末中国存量货币的规模已经超越欧美，成为世界第一货币大国。

2016年，中国的货币存量（即现金加存款）高达150万亿元人民币，折算成美元超过21万亿美元；而美国作为最大国际货币——美元的发行国，货币存量也仅仅为11万亿美元左右。货币约束的解除结合中国巨大的经济规模，催生了中国历史上前所未有的商业繁荣。

不仅仅是高速铁路这样超级烧钱的基础设施，甚至亚洲基础设施投资银行、金砖银行这类资本剩余国家的经济工具，还有高技术投资、大众创业、网络经济等往常先由发达国家创造的商业模式，也如雨后春笋般在中国出现。传统上由政府、企业、家庭才能完成分工的工作，被快递、外卖、网销等货币交易所取代，以往依靠契约提供的分工迅速被货币分工瓦解。

同其他发达国家或以股票市场、或以债券市场、或以期货市场为主的资本生成机制不同，中国的资本市场一开始就是由不动产市场（特别是住房市场）主导。无论政府、企业，还是家庭，不动产占总资产的比重都远超任何其他资产[①]。这一方面说明以土地财政为核心的资本市场在中国经济崛起中居功至伟；另一方面也说明，住房问题与货币

---

① 房地产是中国居民最重要的资产，占居民总资产53.8%。房贷是中国家庭最主要的负债，占居民总贷款60.3%。房贷也是金融体系最重要的资产，占总贷款21%（地产情报站2017-08-31）。地方政府的信用更是大部分来自土地。

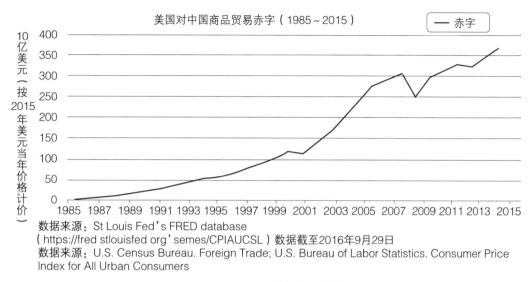

图3-12 中国对美国的贸易顺差
（数据来源：美国统计局）

数量密切相关，房地产调控长效机制在很大程度上等同于中国经济的长效机制。

在土地财政下，土地不再是普通的商品，而是"未来的收益"。只要货币能与土地市场（或间接与住房市场）挂钩，生成的货币就不再是当期的商品，而是未来的债务。"贷款创造货币"（孙国峰，2001）[31]开始取代"顺差创造货币"。货币也就从传统的商品货币制度转向信用货币制度。

现在无论学术界还是舆论界，提起"土地财政"就联想到地方政府巨额的土地出让收益。而实际上，土地财政创造的巨大信用，要远比土地出让收益对中国经济影响更大。正是依靠土地财政创造出的信用货币，中国这一规模巨大的经济体才在其历史上第一次获得足够的通货。

3.4 住房机制和货币生成

改革开放之前的住房只有一个功能——住。住房与普通的实物商品没有差异。住房的资本功能发端于1982年宪法，在这部改革开放后制定的宪法中，前所未有地规定"城市土地归国家所有"。正是这一条规定，为中国最主要的信用之源——土地，提供了基础性的法律依据。相比世界普遍采用的私有土地制，国有城市土地所有权归属于城市化的推动主体——政府，使得政府得以抵押土地，从而将未来公共服务收益贴现，极大地降低了土地资本化的交易成本。

图3-13　1987年12月7日深圳国土局第1次以拍卖方式拍卖土地使用权

但宪法通过之初，规定土地不得以任何形式交易，包括住房都不能买卖，土地需求主要通过划拨获得。因此，八二宪法这一条规定一开始与经济增长没有太大关系。

随着地方政府不断探索通过土地为城市化融资，土地的资本功能开始浮现。其节点标志就是1987年深圳第一次拍卖土地使用权（图3-13），以及1988年宪法修正案允许土地使用权有偿出让。一旦交易开始，国有城市土地的资本特性立刻显现出来。由于土地价格反映的是土地未来收益的现值，只要未来土地收益被市场接受，土地马上就成为资本（"未来收益"的载体）。这同资本主义早期的股票、债券、期货市场出现对经济的影响一样，只是土地资本的规模更大。

1990年国务院公布《城镇国有土地使用权出让和转让暂行条例》，地方政府信用显著提高。很多资本性投入都是用土地作抵押。地方政府颁发的《土地使用权证》更像是有价证券，在城市投资参与者中像货币一样流通[①]。资本的增加，需要对应更多的货币。但由于中国当时仍然采用陈旧的"储蓄创造货币"的商品货币机制，其数量无法匹配巨量的分工需求。

在市场化改革的压力下，央行被迫在没有实物商品准备的条件下超发大量纸币以满足社会分工市场化的货币需求，结果同千百年来的实践一样，在20世纪90年代前后触

---

① 周其仁是少数意识到土地财政在货币形成中作用的经济学家："当人们把问题冠之以'土地财政'的名目时，可能忽略了土地问题对宏观经济更为重大、也更为敏感的影响。可观察到的现象是，征地权的实施不但把一块非政府的资产变成政府和国企的资产，而且成为政府和国企大手借贷的支点，构造了颇具特色的中国货币创造一个必不可少的环节。"（周其仁，2011）

发了多次恶性通胀。

按照前面的货币假说，中美这样的大规模经济体，需要更多的货币维持交易和分工所需要的信用媒介。完全利用外部顺差创造货币一定会在发展到一定水平后遇到增长瓶颈，为自身的发展创造足够的信用是大国增长必须跨越的门槛。

真正启动货币从商品货币升级到信用货币的，是1998年住房制度改革（简称"98房改"）。"98房改"将计划经济时代"单位分房"的制度一律停止，存量住房根据工龄等因素进行房改，私有化的住房可以上市流通，新增住房需求主要由商品房市场解决。正是这一大的改革，将土地财政下的不动产市场转变为一个巨大的资本市场。

1998年的房改如同众多"城市公司"一起上市。由于巨额存量资产的货币化，传统的商品货币生成机制完全无法满足市场需要。流动性不足甚至导致了经济快速增长的同时，通货连续数年收缩，但这种情况很快得到缓解。住房抵押贷款和以土地为信用基础的"融资平台"，使中国从传统的"储蓄生成货币""顺差生成货币"的商品货币机制，转变为"贷款生成货币"的信用货币机制。

在不到十年时间内，土地为基础的资本市场创造的信用，就超过了常规的资本市场——股票、债券、期货等创造的信用。"贷款生成货币"机制使中国第一次结束了资本不足的历史，摆脱了货币生成对储蓄和外贸的依赖。2008年之后，中国M2的规模甚至超过经济规模更大的美国[①]。对比最发达的资本市场美国创造的M2和最大土地财政市场的中国创造的M2，可以清楚看出两者生成信用的效率的高低[②]。很多人将GDP较低的中国能创造出比美国更多的货币视为中国经济的大麻烦，殊不知这背后反映的是中国超强的资本生成能力。中国通过土地生成了比美国股市更多的资本，已经超越了传统货币思想的理解力。鉴于中国人口是美国的近四倍，中国要达到美国的分工水平，货币数量不是太多而是远远不够。具体参见图3-14。

"土地财政"成为地方政府为公共服务（城市化）大规模融资的专有资本市场。依托这一市场，政府无须压缩消费，无须抵押税收，而是通过土地市场动员民间资本，快速完成了城市化1.0阶段的原始积累。到了2015年，中国的城市建成区面积已经足以容

---

① 但由于货币生成拥有对应的准备，长期以来让中国经济担惊受怕的通货膨胀反而从此消失。
② 亚洲基础设施投资银行、一带一路建设等，都体现出资本输出经济的特征。这是长期受困于资本不足的中国经济史上所从来没有过的。相应地，中国和美国也开始从实体经济与虚拟经济互补的关系，演变为全面的竞争关系。

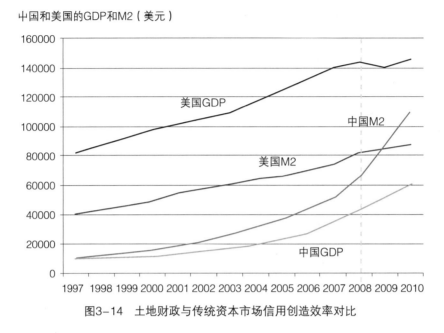

图3-14　土地财政与传统资本市场信用创造效率对比

纳87%的中国人口。可以说"98房改",是土地财政制度完成的关键一步,空间的城市化基本完成。

但也正是从98房改开始,中国的住房市场的主要功能开始从"住"转向了"炒"。如果把土地视作城市未来公共服务收益的"批发价",住房价格就是其"零售价"。购买一个城市的住房,就相当于购买这个城市"未来"的公共服务。由于土地价值是城市公共服务价值的投映,因此,城市公共服务的改善就会通过土地升值转移给土地所有者。

正像投资股票的股东分享企业发展的升值一样。中国城市公共服务水平迅速提高,市场给予城市土地及附着其上的住房给予很高的估值。这使得投资住房的居民借由土地获得了巨大的资本性收入,居民财富中,"未来收益"——资本的比重迅速增加。民间创业的融资需求,反过来又通过"贷款创造货币"机制,为基于货币的分工模式提供了充足的流动性(图3-15)。

2013年以后,源于土地的资本市场已经超越债券、股票等市场成为中国最主要的信用来源。借由这一信用生成的货币,更是远超外贸结汇生成的货币。对比中美"未来收益"资本的创造能力,中国土地财政模式相对于美国的股票、债券模式,显示出巨大的优势。尽管美日的货币供给(基础货币)远比中国更宽松,但中国借由土地财政创造的信用却远大于美日资本市场创造的信用。其结果是中国创造的M2甚至超过GDP更高

第3章 货币视角下的房地产长效机制 59

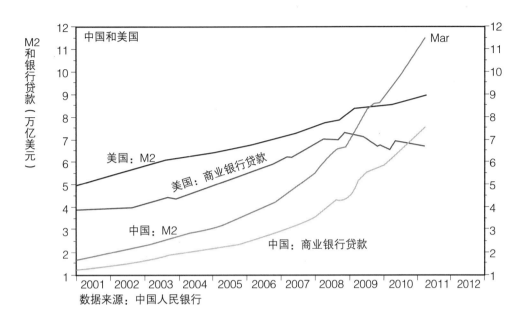

图3-15 "贷款制造货币"

图3-16 美国、日本"印刷"更多钞票（Base Money），中国"创造"更多货币（M2）

的美国（图3-16），这种不同寻常的优势使得中国在城市化高速发展阶段居然成为资本输出国。中国成为发展中国家唯一不依赖外部资本输入的大国。

中国重新获得货币主权的意义远大于地方政府货币的那点土地收益。正是由于中国货币生成模式的转变，在最近发生的中美贸易纠纷中，才可以在大规模缩小贸易顺差的同时，对经济的伤害减少到最小。但也正因如此，今天不动产市场一旦失去资本功能，其后果也远较中美贸易摊牌更严重。主要国家或地区2012年新增M2情况见图3-17。

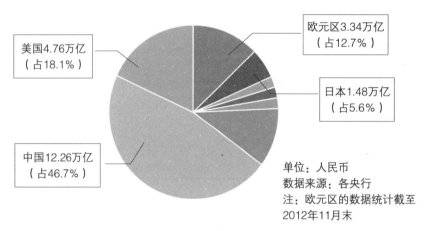

图3-17　主要国家或地区2012年新增M2情况

3.5　信用消失的经济后果

土地和货币生成的这种理解，对预判房地产政策可能带来的深层的经济后果，提供了一个以往被普遍忽视的视角。如果把房地产市场理解为资本市场，那么房价的经济学含义，就不再仅仅是住房这一商品的价格，而是公共服务的"未来的收益"，是城市的"市值"。

正像流通股的价格会给所有非流通股定价一样，住房交易价格也会给所有没有交易的不动产定价，这就是不动产市场信用远超其他资本市场的原因。这些没有交易的不动产如果作为信用抵押贷款，就开始参与货币创造。一旦房价下跌，作为抵押的不动产价值就会缩水。全社会创造贷款的能力就会下降，最终也会影响货币生成的数量。

一旦通缩开始，原先靠廉价货币卷入分工的商业模式就会退出市场——倒闭。而那些低收益率、高风险的商业模式则首当其冲：上至风险投资、企业创新、科技研发、互联网经济，下至外卖、快递、餐饮这些低现金回报的行业，都会退出货币分工；"契约"重新成为主要的分工模式。如果非货币分工的契约已经解体，劳动力回不到自给自足的分工体系（比如农村），就会出现大规模失业，也就是所谓"大萧条"。

在"土地财政"模式下，商品房市场首先是资本市场，其本质更接近金融而非商品。限制交易，打压房价，对资产征税，就有可能导致不动产市场价格崩盘，其后果不仅是住房所有者面对巨大账面资产损失，还会导致全社会信用萎缩，流动性不足。货币向高收益率行业集中，市场产业链会显著缩短。

美国历史上第一次大萧条，实际上正是因为不理解信用在货币生成中的重要作用，错误地去杠杆所致。由于缺少对信用货币的理解，强行去杠杆，流动性剧烈减少，结果导致以通缩为特征的"大萧条"。

1829年，对债务、投机以及纸币深恶痛绝的杰克逊当选美国总统，他的金融政策非常简单，尽快还清国债，关闭美国第二银行。很快，到了1834年，杰克逊基本上还清了所有的国债。按照《伟大的博弈》（戈登，2011）一书的说法："这在美国历史上是第一次——实际上也是任何现代大国历史上唯一的一次——完全清偿国债。"但这次激进的"去杠杆"不仅没有带来更大的经济繁荣，反而，终结了原来的繁荣。

《伟大的博弈》一书对此进行了详细的描述。美国当时经济的动力也来自于土地。西部土地大开发带动了金融的繁荣，1829年政府批准的银行总共有329家，在此后仅仅8年的时间中就猛增到788家。发行的票据从原来的4832万美元增加到1.492亿美元，发放的贷款更是从1.37亿美元增加到5.251亿美元，很多银行券都是以房地产作为担保。巨额的流动性造就了美国经济的空前繁荣。

和中国今天一样，美国政府靠卖地获得大把收入。1832年仅美国的联邦政府土地总署（General Land Office）年收入就已经多达250万美元，到1836年更是暴增到2500万美元（同年美国联邦政府的总收入也不过5080万美元）。杰克逊对当时的情景描述，就像说的是今天的中国："土地拥有证只是到银行去贷款的信用凭证，银行把它们的银行券贷给投机者，投机者再去购买土地。很快，银行券又回到了银行，接着又被贷出去，银行券在这个过程仅仅是充当将宝贵的土地转移到投机者手里的工具。实际上，每一次投机都酝酿着更大的投机。"

1836年，杰克逊去杠杆的第一刀就砍向房地产。7月11日，杰克逊签署行政命令（Specie Circular）要求8月15日以后购买土地都必须以金币或银币支付。从信用货币转向金属货币意味着流动性的急剧收缩，银行券的持有者开始要求用银行券兑换金银铸币，银行不得不尽快收回贷款。由于政府有大量盈余，没有负债，金银没有进入流通而是被放在国库或"被宠幸的银行"（相当于中国货币史上大规模出现过的"窖存"）。金属货币较少却发行了大量银行券的银行纷纷倒闭，股市开始下跌，破产随之蔓延。"美国历史上的大牛市终于被首次大熊市所替代"（戈登，2010）。

菲利普·霍恩在日记里写道："在投机狂热的日子里我们曾听说过的那些巨大财富，在4月的阳光到来之前，就像冰雪一样融化得无影无踪。没有人可以逃出这场劫难，我们终将一无所有，只有那些债务很少或根本没有债务的人才是真正的幸福者。"

1937年5月底，所有银行都停止了金币的兑付。政府收入也从上一年的5080万美元，猛降至1837年的2490万美元。地方政府更加困难，宾夕法尼亚州政府发现他无力偿还2000万美元的债务，只能拖欠本金和利息。这对地方银行造成了更大的打击。到了1937年初秋，90%的工厂关门，美国首次进入历史上最长的萧条期。

"值得庆幸的是，"戈登写道："那时美国大部分人居住在乡下。也就是今天经济学家所称的'货币经济'之外，感受不到经济崩溃带来的苦难。他们能够自给自足，直到经济恢复过来。"[1]

美国的这次大萧条给我们的教训就是，当信用成为货币的主要生成来源时，激进的"去杠杆"政策会导致信用收缩和货币减少。而流动性不足会打击所有通过货币参与分工的商业模式。杰克逊的错误，就在于还是用商品货币的经验解决信用货币的问题，结果导致巨大的经济灾难。

当年美国创造货币最主要的信用来源是资本市场，中国创造货币最大的信用来源是房地产市场。今天中国经济的货币渗透率远超当年的美国，一旦房地产市场崩盘导致信用萎缩，对经济的冲击必定远大于杰克逊时代的美国。届时，重回计划体制和集体主义文明就不仅是可能，而是必需[2]。

---

[1] 值得一提的是，纽约由于只有区区200万美元的债务，危机过后，便一举超过费城成为美国乃至全球的金融中心。这为观察债务的危机后果提供了一个宝贵的实例。
[2] 美国20世纪30年代"大萧条"期间，罗斯福推出的"新政"（New Deal）就是市场回归计划的实例。

3.6 "泡沫"的双重功用

高贴现率资产（如高房价）普遍被视作增长的负面因素。但在现实中，高贴现率（泡沫）却具有两面性：一方面，它会导致低现金流回报的虚拟经济侵蚀高现金流回报的实体经济；另一方面，它可以降低货币分工的市场门槛，将原来无法利用货币的商业模式卷入货币分工。

对于信用货币，当生成货币的信用贴现率不同时，不同贴现率的货币也会出现类似商品货币的"格雷欣效应"[①]——高贴现率（低现金回报）的"劣"信用，通过资本市场套利驱除低贴现率（高现金回报）的"良"信用。一个现实的例子就是创造巨大现金流的格力被没有对应现金流的宝能在资本市场上不等值兑换。宝能并非不守规矩，此类"野蛮人"的故事在资本市场最发达的美国，可以说比比皆是。

但同时，市场上货币也会因廉价而供给增加。按照货币的数量效应假说，货币增加不会导致通货膨胀，而是帮助现金流回报较低的商业模式也"用得起"货币从而卷入商品分工。这就是为什么在信用货币时代，超发货币不仅不会导致通货膨胀反而会诱发巨大的商业繁荣的原因。

把不同信用货币放到可以自由兑换的主权货币环境里，谁能创造需要信用较少的货币，谁的货币就越便宜，谁就可以支持更高风险的商业模式，谁也就可以借助格雷欣法则将必须依赖更高信用的货币逐出市场。货币竞争比的不是谁的货币含金量更高，而是谁的泡沫更大。"好的货币"就是很高的杠杆依然坚挺的信用，强大的信用就是能创造社会接受的高贴现率。

美元就是这样一个泡沫货币，只要其货币不能操控汇率，高泡沫的美元就可以不断与高质量的信用交换货币转移财富。土地财政使人民币成为比美元包含真实实现金流更少的货币，在国际市场开始驱除美元。在某种意义上，美国今天的无与伦比的高科技和创业能力，都是建立在比其他任何经济都高的贴现率（信用）的货币之上。2008年之后，中国的土地财政显示出比美国的股市更强大的信用和更高的泡沫（杠杆）。中国的

[①] 商品货币有一个劣币驱逐良币的"格雷欣效应"，意为在双本位货币制度的情况下，如果两种货币之一的实际价值按照法定价值低于另一种货币，则实际价值高于法定价值的"良币"将被普遍收藏起来，逐步从市场上消失，最终被驱逐出流通领域，而实际价值低于法定价值的"劣币"将在市场上泛滥成灾。

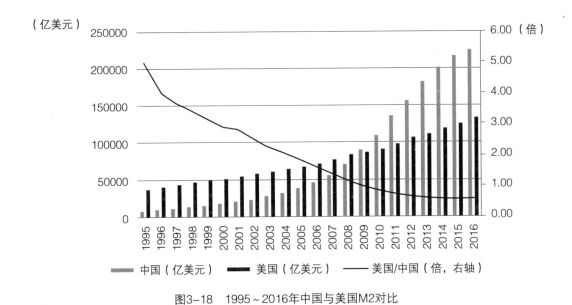

图3-18　1995~2016年中国与美国M2对比
（来源：WIND CEIC，金融40人论坛）

科技和创业开始迅速挑战美国。

也正是由于贴现率体现出来的两面性，导致了货币管理的两难。对于不同贴现率的信用之间套利的管理，成为现代货币制度面对的最大困难。"土地财政"是中国生成货币最主要的信用来源。正是因为住房具有资本和商品双重属性，对虚拟和实体经济具有完全相反的政策效果，才导致了房地产调控长效机制设计的两难。

一个简单的办法就是"去杠杆"——通过债务管理使"贷款生成的货币"保持与较高回报率资产同样的贴现率。问题是，这一做法会导致货币数量减少（通货紧缩），抑制低回报或高风险的商业活动卷入市场化分工。实际上，正是高贴现率信用支持了高风险的创新和创业。中国近年来在科技、研发等高风险领域的创业潮，很大程度上都依赖于高贴现率的劣资本。没有宽松的货币，"大众创业，万众创新"就是一句空话①。

房地产政策背后，正是这样的"两难"。"土地财政"问题很多，但其带来的利益远

---

① AI领域的创投就是一个实例。根据创投分析机构CB INSIGHTS发表了2017年人工智能趋势报告，2017年间全球AI新创企业共1100家，在数量占比上美国依旧领先于中国，但在全球AI资金方面，国内新创企业拿到了48%，而美国则为38%。2017年里，国内外5起融资最高的事件中，中国企业占4家。2017年12月，万事达卡财新BBD中国新经济指数（NEI）为31.4，即新经济投入占整个经济投入的比重为31.4%，接近三分之一。这在低贴现率货币环境下是不可想象的。

非表面看得那样直观和容易理解。如果改革"土地财政"的建议不能提出一个替代的信用制造机制，这个建议就毫无意义。摧毁"土地财政"就是在摧毁中国经济本身，极端一点讲，就是在"自毁长城"（赵燕菁，2010）。

3.7 多重贴现率

理论上讲，由于存在"格雷欣效应"，信用存在落差的实体经济和虚拟经济很难并存。在高房价、高估值资本市场环境下，制造业、实体经济一定会因套利而萎缩。换句话讲，虚拟和实体、资本和制造只能二选一。

但在现实中，却有两个城市实现了"高技术与强制造"的结合。这两个城市一个是深圳，一个是新加坡。他们城市的共同特点，就是两种极端的住房市场并存。在深圳是高房价商品房+廉价城中村；在新加坡是高房价商品房+廉价组屋。这就提醒我们"市场归市场，保障归保障"，双市场结构可能比单一商品市场（"98房改"后）或单一保障市场（98房改前）更有效率。

之所以需要多重市场，乃是因为在信用货币制度下，同样贴现率的货币对应的是不同贴现率的资产。高于法定贴现率的部门，可以通过货币这一无形的手从低贴现率的部门转移财富。换言之，差异贴现率导致的"格雷欣效应"，使得经济要素只能流向"低洼的"虚拟经济部门，而不是最需要这些经济要素的实体经济部门。所有住房政策上的混乱，都源于将住房市场误作为一种单一的商品市场或资本市场，没有理解住房同时具有两种不同价值目标的内在属性。

新加坡和深圳的成功，在于通过制度设计，将资本性住房和商品性住房严格分开，使得市场上两种住房能够同时存在：前者（商品房）形成资本性市场，给城市未来收益定价，目的是创造资本（信用），可以在"炒"的市场上流通；后者（组屋、城中村）则形成租赁市场，房租不体现未来收入，只能在"住"的市场上流通。

"城中村"和"组屋"制度，创造了一个通过住房补贴实业的渠道，在一定程度上对冲了资本市场上"格雷欣效应"带来的向高贴现率部门转移财富的效应。如果没有分隔的"渠道"，要素供给就一定会面临一系列"两难"——保实体还是保虚拟，质量优先还是速度优先，要资本还是要现金流。新加坡和深圳的经验表明，在"转向"和"驱动"机制无法分离时，任何关于"驾驭"的讨论都不会保证正确的结果。

"泡沫"的负面作用就是随着货币信用的增加，经济会越来越远离真实现金流的支撑，商业模式失败导致违约的可能逐渐增加。一旦货币供大于求，泡沫破裂，市场就会因信用萎缩而缺少货币，基于货币的分工就会解体，从而导致系统性危机。中央提出"房子是用来住的，不是用来炒的"，是为了防止出现系统性风险。但实现这个目标不应是通过放弃现有商品住宅的资本功能，而应是在新增的住房供给中，大量增加专门针对"住"的住房。

也就是说，商品房和保障房应该采用不同的房地产政策。前者应当由金融部门按照资本市场的规则进行管理，目标是保障货币供给的稳定；后者则应当由住房保障部门按照居住的需要进行管理，目标是保证城市就业者低成本获得居住空间。两个市场要严格区分，防止相互套利。非正规住宅（比如城中村和历史遗留不动产）应当通过新的房改（缴纳公共服务费）纳入保障住房体系，而不是通过城中村改造将违章合法化使其进入资本市场。中国房地产市场真正需要补课的，是重建保障性住房体系。

区分不同的住房并非一个新的想法，早在1998年，中国改革史上里程碑式的文件《国务院关于进一步深化城镇住房制度改革加快住房建设的通知》（国发〔1998〕23号，简称"国发〔1998〕23号文"）中，改革的设计者就已经富有远见地提出："建立和完善以经济适用房为主的多层次城镇住房供应体系，对不同收入家庭实行不同的住房供应政策，最低收入家庭由政府或者单位提供廉租住房，中低收入家庭，购买经济适用住房，其他收入家庭购买、租赁市场价格的商品住房。"

问题是，后来为什么偏离了国发〔1998〕23号文？最重要原因，就是没有解决好不同住房市场间的套利。"98房改"初期，商品房和经济适用房价格差别不大，加上申请资格和上市期限的限制，两者之间价格不足以诱发大规模套利。但随着商品房价格的上升，与经济适用房的价格迅速拉开。经济适用房较短的"解禁期"已不足以抵消两个市场套利的巨大利益[①]。于是，由"人"来决定如何分配的经济适用房，成为诱发腐败的巨大温床（赵燕菁，2017），套利的结果就是经济适用房退出住房供给体系。

经济适用房制度的失败告诉我们，防止市场套利是保障房体系能否成功建立的关键，其中最重要的，就是保障对象应同就业挂钩而非同户籍挂钩。具体做法是，一个家

---

① 一般做法是先在期房市场上把经济适用房套现，收入用来投资商品住宅。

庭只要缴纳"五险一金"和个人所得税,该家庭就有资格在该地申请政策性住房。因为就业人才给城市创造税收,补贴就业就是补贴实体。而与户籍挂钩决定保障对象,本质上就是福利,在任何经济里都不可持续。

当初经济适用房之所以能被用来套利,第一是上市时间太短,第二是分配不公。如果加长期限,同时规定一个人一生中有权在一个城市获得一次(并且只能有一次)政策性住房,再辅之小户型设计等,就可以有效地将政策性住房与商品房市场加以区隔。

"炒"的和"住"的住房各有其特定的功能,是住房市场并行的两个轮子。任何一个轮子出问题,住房市场都会跑偏。如果把土地供给视作水库,现在的住房调控工具中,只有"开闸"和"关闸"两个选项。如果"开闸",土地就会继续流入已经泛滥的"炒"房市场,高企的房地产市场就可能崩盘,泡沫就可能破裂;如果"关闸",房价就会进一步升高,格雷欣效应就会把更多的资源从实体经济吸引到不动产市场。

只有建立起通往不同市场的"渠道",土地供给政策才可以实现相互冲突的目标——加大保障房市场土地供应支持实体经济;减少商品房市场土地供应防止虚拟经济崩溃[①]。在这个机制里,"渠道"和"闸门"一样重要,"水闸"和"渠道"匹配起来才能构成有效的资本里工具。靠市场自发选择,要素不会流入低贴现率的实体经济。对冲差异资本贴现率的途径,就是建立差异化的要素通道,其经济学含义,就是将现在不同贴现率资本"合流"的资本市场,转变为"分流"的资本市场。唯如此,才能将要素直接引入"地势较高"的实体经济。

3.8 中美贸易战背景下的房地产调控
——基于货币史学的视角

从航海大发现带来的"白银时代"开始,中国的货币问题就和贸易问题紧密联系在

[①] 在资本市场上存在同样问题。"宝万之争"后,政府严厉打击在资本市场上疯狂鲸吞实体经济的高贴现率资本,很多经济学家不理解,认为这是政府干预市场。其实这背后针对的也是资本市场上"劣资本"驱除"良资本"的问题。在资本市场缺少定向资本供给渠道条件下,"手动"干预资本流向乃是明智的选择。同时,这也意味着资本市场一样需要将不同贴现率"合流制"转变为"分流制"。

一起。中国经济的兴衰，几乎完全与货币流入流出正相关。贸易对于中国经济而言，与其说是市场问题，还不如说是货币问题。直到今天，贸易与货币的共生关系仍然没有本质改变。这也使得中美贸易关系远比表面上看到的更为复杂。

1. 顺差为什么重要？

我们不妨假设中国就是一个"世界"，各省是不同的"国家"，人们会关心各省之间的顺差吗？答案肯定是，不会。这就像李嘉图比较优势理论描述的那样，只要每一组自愿交易都可以最大化双方利益，贸易的加总就是对所有人有利的。地区间的不平衡不会改变这一结果。

那么为什么在国际贸易中，"顺差"突然变得重要了呢？答案只有一个，那就是货币。道理很简单，国内贸易和国际贸易唯一差异就在于交易是否发生在同一个货币区。顺差的含义，就是一个货币区在与另一个货币区贸易时，流入的是货币而不是实物。没有了货币区的差异，顺差、逆差也就没有了意义。货币流出好还是实物流出好？这还要从货币对经济的影响说起。

所有经济都是建立在分工基础上的。有没有货币，社会分工的水平大不一样。米塞斯认为，"货币就是市场的基础，市场的根本在于协调供需的各种要素，这一概念正是现代经济理论建立的基础，且必须以其为基础，如果没有货币的使用，那么这一概念是不可设想的。"一个被广泛接受的事实是，依赖货币分工（市场）的比重越高，经济就越发达，资本形成能力也就越强。

但以实物作为准备的商品货币，一开始就决定了货币数量永远满足不了分工增长的需求。货币的数量也就决定了一个货币区的分工水平，而分工水平反过来又决定了该货币区的财富。特别是对于人口巨大的经济体，一旦没有足够的货币，人口增加就会导致分工萎缩，引发经济"内卷化"。

由于跨货币区的贸易不仅带来物品的转移，也带来货币的转移，贸易问题随之衍生出货币问题——货币流入的货币区分工水平提高，商品经济繁荣；货币流出的货币区分工水平下降，商品经济萎缩。正是因为有了货币在不同货币区之间的转移，贸易是顺差还是逆差对于不同的货币区就有了完全不同的宏观效果。

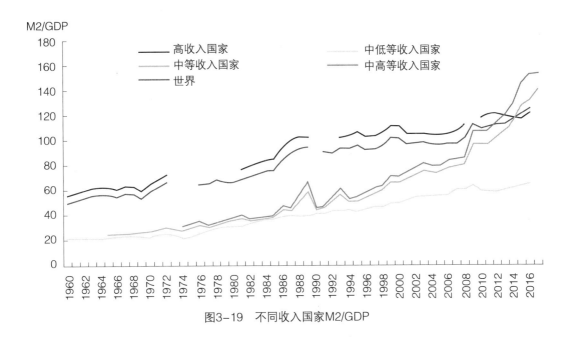

图3-19 不同收入国家M2/GDP

2. 货币决定经济兴衰

历史上,南宋和明朝后期都有过发达的海上贸易,不同的是,宋朝的贸易广泛使用的是内生的本币,所有贸易相当于国内贸易,顺差、逆差并不重要;相反,明朝没能像宋朝那样实现货币自主,社会分工必须依赖外来白银,对外贸易的一个主要目的,就是获得白银,顺差与否就变得极为重要。

中国的"白银时代"发端于大航海时代的嘉靖年间。当时西班牙人在玻利维亚发现了一个超级银矿(稍早,日本也在其西南部发现了一个规模巨大的银矿)。通过贸易顺差,美洲和日本的白银源源不断地流入中国,元代以后由于货币不足急剧萎缩的商品经济全面复苏。靠近白银输入口岸的江南一带发展出繁荣的市场经济和发达的民间社会。

自主货币被外来货币取代后,贸易成为获得货币的主要途径。进入"白银时代"后中国经济对顺差的依赖迅速增加。顺差的增减与王朝的兴衰周期如影随形,几乎完全同步。

1641年,马六甲落入荷兰人手中,果阿与澳门的联系也被切断。1640年,结束了战国时代后的日本断绝了与澳门的所有贸易往来,对银矿也开始进行控制。中国的白银进口量骤然跌落。此前张居正"一条鞭法"已经形成了一个以白银为中心的结算体系,白银的减少直接引发了明末的社会大动乱。

取代明朝的清朝依然是以白银为本位货币，其顶峰也就是所谓的"康乾盛世"，也正好是世界白银供给非常充裕的时期。18世纪后期日本再次禁止白银出口，加上欧洲动荡（法国大革命）以及随后拉丁美洲独立运动，从18世纪90年代到19世纪30年代，全世界的金银产量减少了大约50%。清王朝经济也应声而落，整个社会也陷入动荡（太平天国）。而当美国、澳洲发现新的银矿后，清朝的经济立刻满血复活，不仅剿灭太平天国，还开启了兴盛一时的洋务运动。

当货币要依靠贸易才能获得时，货币本身就成为贸易的首要目标，顺差也因此变得重要。对此，生活在大英帝国金本位全盛时代的凯恩斯深有体会。他在《就业、利息和货币通论》中一针见血地指出"增加顺差，乃是政府可以增加国外投资之唯一直接办法；同时若贸易为顺差，则贵金属内流，故又是政府可以减低国内利率、增加国内投资动机之唯一间接办法。"

3. 自主货币与附属货币视角的"顺差"

计划经济时代的中国重建了以实物为准备的货币，暂时获得了货币主权，但也因此重归货币不足的状态，市场分工急剧萎缩。人口重压下的中国又一次"内卷化"。

1994年汇改将人民币重新与美元挂钩，强制结汇使中国获得了宝贵的外汇，同时

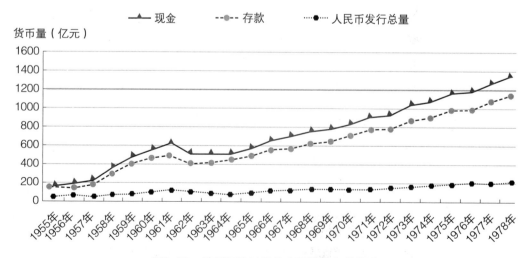

图3-20　计划经济时代的中国储蓄生成货币

借助顺差生成了巨大规模的货币，中国商品经济再度活跃。后来的分析大多强调汇改对中国参与国际分工的影响，而忽略了其对中国货币生成的影响。而事实上，后者对中国经济的影响更为深远。

这次汇改和民国时期的法币制度改革非常相似，效果也差不多。1933年罗斯福总统推行"新政"，要求政府增加通货。而在金本位制度下，发行货币受到政府的黄金储备限制。美国采取了金银复本位制度。美国政府开始在纽约和伦敦市场上大量收购白银。1932年开始，中国白银开始外流。1934年受美国白银政策影响，中国货币流出高达2.27亿银元。银行挤兑时有发生，许多银行和中小钱庄因此倒闭。

国民政府不得不放弃银本位，改用英镑和美元作为法币的准备。后来很多学者认为中国法币制度在中国历史上第一次放弃金属本位改为以政府信用为保证发行货币。而实际上，中国货币仍然是以外来的货币作为本币的"锚"。由于英镑和美元都是贵金属为本位，同英镑和美元挂钩，实际上还是实物货币而非信用货币。贸易顺差依然重要。

1994年汇改与民国法币制度改革本质上是一样的，只是这时的美元已不再以贵金属为本位，而是真正的信用货币了。正是因为与不受贵金属约束的美元挂钩，使得中国经济解除了走向商品经济的最大约束——货币。短短几十年，中国就从计划经济迅速跨入了高分工水平的市场经济。可以说，没有对世界（特别是对美元区）顺差创造的货币，就没有中国过去四十年市场经济的大繁荣。

今天的美元就相当于明朝的白银，中国过去四十年的经济繁荣，和明朝白银流入带来的繁荣如出一辙。外来货币的引入，扩张了货币供给，但也像明朝以来白银作为货币一样，中国再次丧失了货币主权。

按照前面的逻辑，货币流入的货币区分工水平提高，商品经济繁荣；货币流出的货币区分工水平下降，商品经济萎缩。那么为什么曾经为争夺市场大打出手的列强，开始容忍中国的持续顺差？对中国乃至全世界长期保持巨额逆差的美国何以没有因货币外流导致经济萧条？

这是由于布雷顿森林体系要求所有货币都与美元挂钩，在美国看来世界都属于美元货币区。对于用本币交易的美国就像当年的南宋一样，所有国际贸易对其都是"内贸"。既然是内贸，顺不顺差也就不再重要。而其他国家则像明朝一样，必须通过顺差换取美元——谁获取的美元多，谁的经济就增长得快。

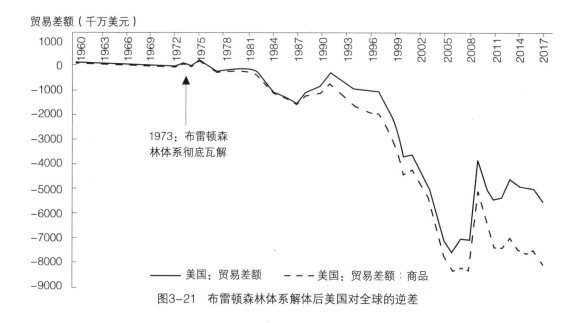

图3-21 布雷顿森林体系解体后美国对全球的逆差

更重要的原因是布雷顿森林体系解体后,美元完成了从商品货币向信用货币的转型。美元的发行不再取决于贵金属的多寡,而是取决于信用体系的创造。只要世界购买美国的债券、股票、不动产,这些信用就会帮助美国源源不断生成美元。

美元信用化后,美国追求的是资本项的顺差——卖更多的信用给其他国家;货币没有信用化的国家追求的是贸易项下的顺差——卖更多的产品给其他国家。前者获得商品,后者获得货币。正是这种错位互补,使得中美各取所需,创造了人类历史上前所未有的全球化和长周期和平。

信用可以被视作一种基于"未来收益"的特殊"商品"。货币与信用挂钩后只要创造出信用,就可以创造出货币。很少有国家可以创造出足以支持世界贸易的信用,而世界上最大的资本大国美国做到了。一旦摆脱黄金的束缚,美元就像地理大发现时代的南美白银,向全世界提供源源不断的货币。中国的改革开放几乎分秒不差地抓住了美元信用化这一人类货币巨变所提供的机会。

全球化的前提就是贸易不平衡。一旦美国开始追求顺差,就意味着回归古典贸易。除非有新的力量接手创造国际信用,全球化趋势必然倒退。而在古典贸易体系下,只要丧失顺差,中国就会像当年使用白银作为货币基础的明清乃至民国一样,依赖外部信用的实体经济立刻陷入经济萧条,被倒逼要开始自己创造信用。而布雷顿森林体系之后依赖生产"未来收益"的美国,则会被倒逼重返实物商品生产。换句话说,中美贸易战的后果对中国是脱实向虚，对美国则是脱虚向实。

现在我们就会理解为什么美国无惧中国的贸易报复了——在没有货币主权的条件下，中国的报复不会给美国造成对称的损害——因为拥有货币主权的一方的损失是边际上的，而依赖外来货币的一方一旦丧失顺差，对经济的打击则是根本性的。如果上述逻辑是正确的，中国应对贸易战的第一条，就应该与美元脱钩，重建自主货币。

4. 应对中美贸易战的唯一途径：货币自主

货币自主的前提是货币内生。问题是"白银时代"以后的中国，正是由于无法创造足够的货币才通过顺差与外来货币挂钩。今天的中国能内生足够的货币吗？显然，再回到金属本位已经不可能了。中国的经济规模已经太大，分工太复杂，没有任何一种贵金属或金属组合足以支持今天的货币需求，唯一的办法就是像美元一样，以信用为基础生成货币。

对于资本创造的后来者，这条路对于中国似乎更难。富国之所以能够成为富国就是因为其创造货币的能力（M2/GDP）高于穷国。但事实上，中国的货币在改革开放之后的货币生成能力开始脱离发展中国家，直追发达国家。早期的货币增加依然可以用顺差（外汇占款）来解释，但2008年之后，中国外贸顺差减少，但发行的货币却急剧增加。中国过去几年货币生成不仅超过日本等东亚货币制造大国，而且超过世界上信用最强大的美国。这一定是中国发展出了一个强大的货币内生机制。

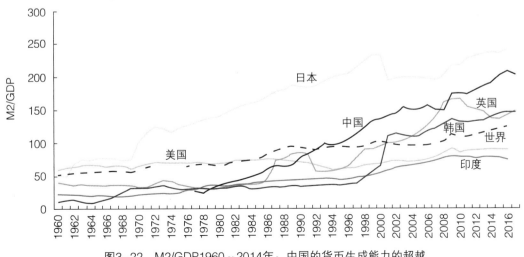

图3-22 M2/GDP 1960～2014年：中国的货币生成能力的超越

有人说中国过去几年的天量货币是央行宽松货币所致，但美日货币政策更宽松，为什么创造的货币却不如中国？信用货币并非如很多人想象的，是央行以国家信用为担保"印刷"出来的。央行在货币生成机制中只是提供基础货币，能否创造出能进入市场流通的货币，关键要靠商业银行的信贷（或财政部在市场上发行债券），信贷的多少又取决于信用多少。如果市场上没有足够的信用，基础货币再宽松，也生成不了真正的货币。对过去十年中国货币能够"超发"的唯一解释，就是中国已经在不经意间成为世界级的信用大国。

那么，帮助中国创造天量货币的信用来自何方？

一般国家的商业贷款创造货币所需的信用大多来自于股票市场或债券市场，但中国这两个市场显然不足以担起为如此大规模的经济提供信用的能力。特别重要的是，只要这两个资本市场依然与美元的缩胀相关，据此生成的货币就仍是美元信用的延伸，而不是严格意义上的自主货币。这也是世界上非美元货币，难以成为真正自主货币的重要原因。

5. 土地财政下的货币内生

货币按照生成模式分为商品货币（贵金属、实物商品、外汇等实物为"锚"）和信用货币（股票、债券、房地产等"未来收益"为"锚"）。2008年后，中国的顺差没有增加，放量暴增的货币一定是通过信用形式生成。所不同的是，这些不是来自于传统的资本市场（债市、股市），而是来自于非常规的资本市场——房地产。与多数国家不同，中国房地产市场没有财产税，资本化的不动产无意间形成了一个非常巨大的信用来源。

不动产生成的信用不同于股票、债券证券市场生成的信用，它类似明代货币组合中的"铜"——有没有顺差都可以内生，几乎完全不受外部（美元）周期的影响。而信用自身的独立性乃是自主货币的内生的一大前提。

房地产信用的另一个特征，就是高贴现率。中国房价之坚挺超出所有人预料。这对居住不是什么好事，但对货币自主却非常重要。根据格雷欣"劣币驱除良币"法则，信用市场上一样存在"劣信用驱除良信用"的现象。放眼世界，信用货币不少，为什么美元独占鳌头？这是因为所有信用的贴现率都比不过美元。用低贴现率的"良币"同美元这种"劣币"交易，都会"吃亏"。而中国的房地产资产的高贴现率，是少数可以和美元在贴现率上有一拼的资产。

更为重要的是，房地产生成的信用不仅自主，而且规模比传统的资本市场更大，这就解释了中国为何生成货币的能力远超经济发展水平决定的平均信用水平生成货币的能力。巨大的信用足以抵消顺差消失带来的流动性不足。

6. 与外部市场周期脱钩

实现自主生成货币，中国就可以脱离外部经济周期通过贸易向内部经济的传导，从根本上隔离货币区外经济带来的扰动。

民国初年，世界上普遍通行金本位，正是由于中国独自采用银本位制，不仅避开了席卷全球的经济大危机，还开启了民国初年罕见的"黄金十年"。由于金本位国家抛出白银买入黄金，世界市场黄金贵而白银多，从1926年开始中国的白银一直是流入量大于流出量，充裕的白银为民国的货币提供了准备。自主货币使民国经济能够反周期运行，大萧条反而成为中国发展的机会。如果当时民国仿效日本改为金本位，就会像采用黄金为本位的国家一样，陷入空前的大萧条。

明朝后期的货币其实是银和铜同时流通，而民间实际流通的货币还是以铜为主。但由于张居正"一条鞭"法规定税赋都是用银来结算，铜价与银价挂钩，结果银的缺乏直接导致了王朝的崩溃。假设当时能及时将银结算，转变为铜结算，明末白银不足即使导致局部经济收缩，但政权的倾覆或许能够避免。今天的美元好比当年的"白银"，如果人民币能够与美元脱钩，形成自主的本位货币"铜"，就有可能隔绝美元收缩带来的全球危机，甚至使贸易本身都变得不再重要。

民国初年，中国靠选择银本位，将金本位国家的大萧条与中国经济成功隔离，经济不仅没有衰退，反而逆势世界经济增长。今天，如果中国的货币能摆脱美元本位，就有可能达到类似的效果——不仅可以避开美元收缩带来的全球性大萧条，反而可能将大萧条转变为中国实现超越的又一次机会。

毫不夸张地说，房地产已经成为中国经济的命门。没有房地产，就必须依赖顺差生成货币。尽管房地产被用来"炒"受到广泛的批评，但它也在无意中为中国自主货币创造了宝贵的信用。中国能够（像古代的宋朝或今天的美国那样）获得货币自主，贸易战带来的全局性风险马上就会减少。反之，如果美国卡住中国市场顺差，流动性枯竭的中国就只有屈服。

其实，即使没有中美贸易摩擦，也要防止房地产崩盘。现在财产税改革已经箭在弦

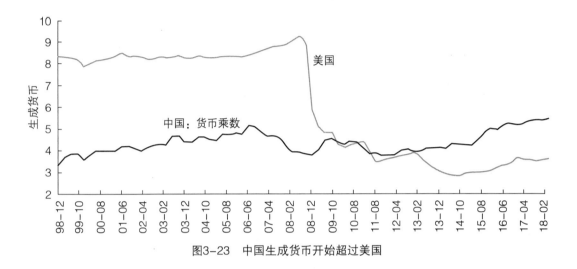

图3-23 中国生成货币开始超过美国

上,无论支持者有多少理由,至少在中美贸易战阴云密布的时候,不是一个最好的时机。一旦顺差消失、激进去杠杆和房地产崩盘三者同步,中国货币很快就会枯竭,改革开放40年的成果瞬间就会归零。回到明朝和共和国初期那样的计划经济,就不再是不可想象的场景。

7. 贸易战对策:开放本币计价贸易

货币与贸易的关系讲清楚了,应对中美贸易战的思路也就清楚了。

第一,与美元脱钩,建立自主货币生成机制。将顺差形成的外汇储备从央行转移到财政部,设立主权基金统一管理(如同管理黄金储备)。开放外汇交易,取消强制结汇。美元不再参与货币生成。

第二,完善独立的资本(特别是不动产)市场,为货币创造信用。将房地产市场区分为"炒"(资本)和"住"两个市场并采取不同的对策。同股票市场相比,房地产市场形成资本有一个副作用,那就是居住成本越来越高。这个成本通过劳动力价格上涨传导到实体经济,就会导致企业一般性支出成本上涨,直到失去市场竞争力。解决的正确办法不是搞垮房地产市场,而是在目前的资本型市场之外,另外建设一个独立的保障房制度,将住房资本价格和居住价格区分开,"资本归资本,实体归实体",放开前者价格和流动性,管住后者价格和流动性。

第三,区分本币贸易和外币贸易,放开前者管制后者,向所有人民币计价的产品开放市场。将人民币计价的贸易视作国内贸易,所有基于人民币的贸易关税可以减少至零,同时,严格管制基于美元结算的贸易,防止外汇大规模流失。

第四,人民币国际化,减少美元使用。利用美元收缩之机,用人民币填补信用不足。所有对外援助均采用人民币形式,金砖、亚洲基础设施投资银行、一路一带应加大人民币计价的贷款。大宗货物采用人民币结算。非人民币定价商品,则尽量以物易物。开放美元与人民币自由交易。

8. 决赛的主场——内需

上述对策只能减少贸易顺差消失对中国经济的影响,但还不足以保证中国在贸易战中胜出。对于贸易战而言,起决定性作用的是交易双方所依托货币区的市场规模。清朝曾经有两次"海禁",其完全不同的效果可以用来说明市场规模在贸易战中的终极作用。

第一次"海禁"是清朝政府针对郑成功而设。清朝政府采用"迁界"策略,将沿海20里内所有人口内迁,并规定"片板不得下海",从而将依赖贸易生存的郑成功隔离在大陆市场之外;第二次"海禁"是对付英国等海上贸易国家。但最终被迫开放市场。第一次能够成功,是因为大陆市场远大于郑氏海洋贸易形成的市场;第二次失败则是由于英国背后的世界贸易网络远大于中国的市场规模。

不同的市场规模决定了谁在市场之"内",谁在市场之"外"。只有在市场之内,才有资格将对手隔绝在贸易网络之外。中美经济规模大体相当,自身都有足够大的市场。谁能吸引更多的贸易对象加盟,谁所在的市场就更大,谁就可能在贸易战中最后胜出。

显然,美国为首的西方国家,在市场规模方面远胜中国。但就人口规模而言,中国却对世界所有国家具有长期不可逆的优势。现在关键是怎样利用好这个优势,将人口规模转变为市场规模。

历史表明,人口大国只要能创造足够的货币,巨大的市场规模就会对其他经济形成碾压的优势;反之,如果不能创造足够的货币,巨大的人口规模不仅不是优势,反而会使经济"内卷化"。工业革命以来世界霸权从人口百万级的西班牙及葡萄牙、千万级的英国及德国到亿级的苏联及美国的迭代,正是体现了本地市场带来的规模优势。

怎样将人口优势转变为市场优势?城市化是最被经常提起的策略。但城市人口的增加,并不必然带来市场规模的扩大。只有有消费能力的居民(家庭)才能带来需求的扩张。增加工资虽然简单,但用这样的方式扩大内需不仅速度慢,而且有一个副作用——会抵消掉中国低劳动力成本在生产一侧对发达国家的优势。如果能够找到一个较少提高

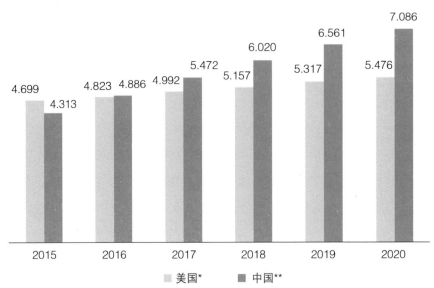

图3-24 中美零售市场对比
(Total Retail Sales in China and the US, 2015-2020) (trillions)

工资,又能迅速完成家庭财富的积累办法,中国就可能在消费和生产两个方向对其他国家(特别是发达国家)形成持久的优势。这个办法就是"先租后售"的住房制度。

9. 住房是财富积累的工具

"先租后售"最早的实践,来自1998年房改。通过这次房改,长期支付很低租金的居民拥有了自己的"财产",中国几乎在一夜之间,造就了数以亿计的中产阶级。随着房地产价格上升,这部分中国家庭财富以空前的速度膨胀。正是这批消费者所形成的消费市场成为中美贸易战中,中国手中强大的谈判筹码。

今天,我们只需通过"先租后售"就可以复制1998年成功的房改,迅速扩大中国内需市场的规模:1)通过"先租",压低劳动力生活成本,增加家庭可支配剩余,避免劳动力价格增加挤压企业的利润;2)通过"后售"收回成本避免负债,家庭则借由资产升值,快速完成财富的积累。

1998年房改的经验告诉我们,资本途径的财富增长将远快于工资途径的财富增长。

一旦中国能形成4亿～5亿高资产净值的城市人口，内需市场就能够一举超越总人口3亿多的美国。届时，对中国贸易禁运，就会像当年清朝对英国的禁运那样，把自己隔离在主流市场之外。

也就在美国公布对中国产品征税之际，美国福特公司重申，2019年新车型福克斯生产线从美国转移到中国。原因主要是如果中方提升对来自美国的进口汽车关税，那么从会计成本和净收益分析来看，不如在中国内地设厂生产。否则，面对其他同类产品竞争，很有可能将失去中国市场。福特声称，一个拥有14亿人口的消费大市场，还有不断壮大和崛起的中产阶级，逐渐提升的消费能力，都使得福特无法忽视这一庞大的消费市场。事实上，德国的三大品牌汽车制造商——宝马、大众和戴姆勒，在2018年7月4日也宣称，如果贸易壁垒增加，那么在美国生产出口到中国的汽车就只能彻底转移到中国。

德意志银行根据美国政府公布的数据发现，美国企业对中国的销售额在2015年已达约3720亿美元，其中2230亿美元是由美国企业在华子公司直接生产销售所得，1500亿美元是美国对中国出口所得。美国在华子公司销售额中的1710亿美元来自制造业，510亿美元来自服务业，而在制造业中电脑和电子产品占比为44%，化学产品占比为21%，运输设备占比为11%。以同样口径估算中国企业对美国的销售总额约4020亿美元，其中在美中资企业的销售额只有100亿美元，中国对美国出口达到3930亿美元。

这就意味着2015年中国企业在美销售总额的顺差只有300亿美元。而由于美国在华子公司销售大幅增长，这一差额在2009年之后就开始逐年下降，即从2008年的1110亿美元的差额下降到2015年的300亿美元。中国内部市场扩大对美顺差依赖减少，意味着中国在不对称的贸易关系中逐渐拥有了更大的话语权。

10. 避免贸易战向非贸易领域蔓延

住房市场的泡沫是中国经济的软肋。但如果泡沫的两面性利用得好，也会转变为中国经济的优势。中国经济的不同走向都指向了住房。无论货币自主还是扩大内需，房地产已经位于所有经济政策的核心。

鉴古可以知今。今天的中美贸易战看似前所未有，但其影子在历史上都曾以这样或那样的形式出现过。货币不能用来解释中美贸易的全部，但货币视角的缺失，至少会使我们难以评估中美贸易冲突的全面效果。

中美贸易战实际上是美元全球收缩的一部分，它意味着美国将会对全球所有顺差的

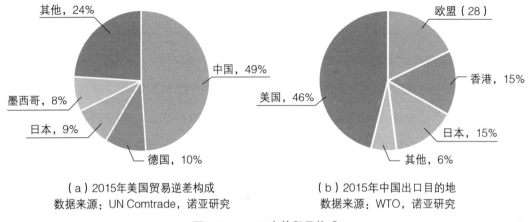

(a) 2015年美国贸易逆差构成
数据来源：UN Comtrade，诺亚研究

(b) 2015年中国出口目的地
数据来源：WTO，诺亚研究

图3-25　2015中美贸易构成

国家展开贸易战。非如此，美国从中国消除的顺差，就会转变为相对其他国家的顺差，实体经济就依然不能够回归。中美贸易之所以引人瞩目，只不过恰巧是因为中国对美国的顺差特别巨大。中美相互误判"冷战"预言就会自我实现，升级贸易战正是走向误判的第一步。

实际上，现代信用货币制度已经为世界经济走出"顺差"这一古典贸易困境带来了可能。只要能够解决贸易后面更深层的货币问题，即使在相对封闭状态下也依然可以实现分工的演进和升级。美国退回到古典贸易，给中国创造了成为现代贸易领导者的机会。人民币如果能填补美元收缩带来的信用短缺，人民币就可以提前实现国际化。

我们所需要的，乃是正确汲取历史留给我们的智慧。

3.9　政策与建议

3.9.1　建议一：土地供给

任何新制度的诞生都具有路径依赖，房地产调控长效机制也不例外。新的制度的设计不能从白纸上开始，而是应该从对现有住房制度的评估开始。

2017年4月，住房和城乡建设部与国土部下发《关于加强近期住房及用地供应管理和调控有关工作的通知》提出:"对库存消化周期在36个月以上的,应停止供地;18~36个月的,要减少供地;6~12个月的,要增加供地;6个月以下的,不仅要显著增加供地,还要加快供地节奏。"这个政策还是用管理普通商品的办法调控房地产市场,而没有意识到,现在的房地产市场实质上是一个资本市场。这个市场的主要功能,是为城市政府资本性投入提供融资,它不能用来解决住房需求问题。土地供给的多少,只应看融资需求而不能看消费需求。

怎样寻找合理的融资需求?靠地方政府自己判断显然不靠谱,比较可行的是同城市人口规模的增长挂钩。一个简单的办法,就是建立一个与就业需求挂钩的保障房市场,为所有新增城市就业人口提供保障住房。由于保障房建设规模根据实际就业人口分年度制定,其供给大体上与城市就业人口增长正相关。商品房用地的供地规模可以以保障房建设规模为基准,根据宏观经济趋势是负面还是正面来决定。

比如,中央政府可以规定,每建设8m^{2}保障房,允许在市场上融资2m^{2}商品房。这样就业人口增加快的城市,自然供地规模大,反之则规模小。城市要扩张,办法不是跑中央政府要指标,而是靠自己努力招商,扩大就业人口和保障房供给"创造"指标。只有保障房供给增加,才能获得在商品房市场融资的"额度"。这样就自然约束了政府的投资行为。商品房供地和保障房供地的比例,可以作为中央政府宏观调控的工具——如果希望刺激增长,就可以提高商品房相对保障房的供地比例;如果希望抑制经济过热,就可以减少商品房和保障房供地的比例。

为了更好地反映市场需求,供地规模绑定就业后,商品房价格就要完全放开。对新进入市场的住房开征财产税、对到期物业开征财产税、对二手房新房东开征税……这些政策的前提,就是存在一个完全区隔的保障房市场。基本居住完全由保障房覆盖后,商品房价格起伏只影响投资人收益而不影响居住需求。

只有将保障与融资分开,住房政策才能更精确地定位目标,才不会引发随政策而来的副作用。比如集体土地入市、存量土地"退二进三""盘活非房地产企业自有用地作为住宅用地"等,也要按照这个规则判断:如果这些增量土地进入保障房体系,就不能上市,但可以增加商品房供地规模的基数;如果进入商品房市场,就要对其征税(财产税),并从当年新增商品房供地额度中扣减。

区隔两种住房后,如何保障住的问题,就不在商品房供地政策视野之内。商品房市场的长效目标就变得简化——确保不发生价格崩盘。同其他资本市场相似,流通资产的价格实际上会给所有的存量资产定价。而这些资产正是市场上流动性信用的来源。房价的暴跌不仅仅影响房地产所有者的财富状态，同时会通过货币紧缩波及所有依赖货币分工的商业模式。商品房市场的所有政策，都只应服从这一个目标。

3.9.2 建议二：城中村/小产权房改造

城中村在中国住房体系里扮演着一个十分重要却被很多人忽视的角色。由于小产权房的定义就是不能进入正式商品房市场交易的物业，这就无形中创造了一个以出租为主要收益模式的住房类型。由于这部分住房没有资本化，其巨大的规模成为资本型住房市场之外，真正以"住"为主要功能的住房供给。

复旦大学范剑勇（范剑勇，莫家伟，张吉鹏，2015）[33]等人的研究发现，中国的劳动力人口在房价上升超过工资上升时，并未出现预期的人口驱离效果。一个重要的原因，就是大量非正规住宅为非户籍就业人口提供了方便且廉价的居住空间。按照他们的估计，"珠三角地区50%的流动人口居住在企业提供的员工集体宿舍，剩下40%多的流动人口居住在城中村或城郊村"。

城中村把低运营成本（低房租）+劣资本（高房价）这两个互不兼容的市场效果组合在一个空间里，为创新型企业营造了一个既能低成本融资，又能低成本运营的特殊市场环境。创新需要泡沫资本融资，制造需要低运营成本。高商品房价有利于低成本融资，却不利于低成本运营。正是靠非正规住宅，深圳等城市才在高房价下保住了发达的制造业和服务业，创新和制造才得以在深圳共生。

环境决定生存。一旦城中村全部改造为商品房，硅谷式的高运营成本（高房租）+劣资本（高房价）的商业环境，就会取代深圳的低运营成本（低房租）+劣资本（高房价）的商业环境。研发-创业与快速制造一体化的深圳模式，就会转变为只有创业和研发的硅谷。如果这个推理是对的，那么城中村改造就绝不仅仅是治理违章、改善城市景观这么简单，其对中国城市乃至经济的影响，远比我们已经了解的更深远。

在这个意义上，中国的城中村与南美的贫民窟有本质上的不同。在财产税定价的公共服务供给条件下，南美贫民窟意味着大规模逃税（免费搭车），而在间接税为主的公共服务定价条件下，中国的城中村实际上是通过低价服务就业人口，帮助企业降低成本从而增加政府税收①。

城中村改造还给看似无关的"去杠杆",提供了不同的政策工具。所谓"去杠杆",并非简单的缩表、减债,而是降低资本性收入(即"未来收益")在经济总量中的比重。减少债务固然是一种方法,但在信用货币条件下会带来一个严重的副作用——减少货币的供给。而货币数量的减少,又会影响低回报和高风险商业模式的生存,缩短货币分工的市场链条,带来失业等更为棘手的难题。

同缩表、减债这样的"消极去杠杆"相比,增加现金流收入是一种更为无害的"积极去杠杆"。增加现金流(利润、税收)的重要手段,就是减少现金流产生过程中的一般性成本。对于几乎所有商业模式而言,一般性支出最大的就是劳动力成本。而劳动力日常支出的最大项就是住房。在中国以间接税为主的经济中,降低居住成本对于实体经济的支持,远大于减税对实体经济的支持。

城中村改造的方法多种多样,但判断其是否"正确"的标准只有一个,就是改造后的城中村是增加了"住"的房,还是增加了"炒"的房。目前很多城市改造城中村都是通过增加容积率,然后在房地产市场融资(出让)覆盖城中村改造的成本。这样的改造方法一定是拆除"住"的房子增加"炒"的房子,全社会的债务杠杆一定是增加而不是减少。这样的改造与城市转型升级恰好是南辕北辙。

拆除违章也好,城中村改造也好,棚户区改造也好,都要尽量将住宅的增量引入保障性住房体系而不是商品房体系。各种小产权房,只要不让其进入商品房市场,就可以创造条件给予确权,在保障房体系内允许自由交易。非正规物业改造的成功与否,不是外观形象的改善,而是能否与商品房市场区隔。只要能将其引入保障房体系,即使外观形态没有多大改善,也是成功的改造。反之,改造后城中村都成为投资型的商品房,尽管外观比以前靓丽,也是失败的改造。

---

① 我以前曾认为,城中村的最大问题,在于其没有为城市公共服务付费却在分享公共服务带来的现金流。在一个小产权和违章建筑占有很大比例的城市(比如众多南美城市),地方公共服务根本无法从资本型增长升级到现金流型增长。经济也会因此被困陷在"中等收入陷阱"(赵燕菁,2015)。以整顿违章建筑为核心的城中村改造,乃是中国城市现代化升级必须跨过的一步。现在看来这一观点至少是不全面的。如果非正规住宅整治方法不对,结果会适得其反,加速实体经济的衰败。

3.9.3 建议三："租"还是"售"

中央提出"住房是用来住的，不是用来炒的"之后，中央部门和地方政府出台了一系列鼓励租赁住房市场的政策，这无疑是正确的。但也有不少地方出台的政策，简单地把"租"和"住"画等号，把"售"和"炒"画等号，有的城市甚至提出"只租不售"。

把"租"和"售"对立起来，实际上又走到房地产市场资本化的另一端。实践表明，那些看上去简单、痛快的调控方案，多数都难以"长效"。商品房的资本功能，在我国货币生成体系中扮演着重要作用。当今中国的商业繁荣，很大程度上都是建立在货币"大爆炸"基础上的，特别是在出口增长乏力的今天，"顺差创造货币"的机制不断萎缩，"贷款创造货币"日益成为主要的货币生成机制，资本市场在货币生成中的角色就变得更加重要。

中国不是没有过"只租不售"的试验。改革开放之前，中国的住房制度实际上就是"只租不售"，实践的结果是只有极少部分人可以通过这个制度获得基本住房。"只租不售"看似简单痛快，但并没有解决真问题。现实中，真正需要政府解决"租"的需求，并没有想象的大——只要没有自有住房的城市居民，必定是租住他人住房。"只租不售"很大程度上是在解决一个已经被市场解决的假问题。

1998年房改后，城市居民被分为"有房的居民"和"无房的居民"两大阶层。社会财富的一个主要的分配形式，就是通过改进公共服务推高物业价值的方式，向不动产所有者转移财富。只要公共服务改善，住房就会继续升值，进入有产阶层的门槛就会升高，社会贫富差距就会进一步加剧，这使得无房居民的财富很难赶上有房居民。

社会对住房市场不满不是没有房子住，而是不满没有机会购买住房以分享社会财富的增长。过高的投资门槛，才是当前公众对住房市场不满背后的深层原因，才是住房的"真问题"。没有财产性收入的家庭算不上真正的"中产阶级"，在信用为"锚"的货币制度下，即使有不断增加的现金流收入，也很快会被有产者更快速的财富积累所淹没。

正确的政策住房供给制度，既不是只售不租，也不是只租不售，而是两者的结合——"先租后售"。首先，将住房租给新就业城市居民，并将房租积累到个人账户；一定年限后，补足成本差价，获得完整的商品房产权。由于劳动力有随着时间"折旧"的特点，只要解禁时间足够长，空间套利的可能就变得很小。这实际上也是"98房改"的制度路径。

一个成功的实践，就是东莞政府为了吸引华为在松山湖建厂，专门推出了针对华为职工"先租后售"的公共住房制度。这个实例具体地展示了"先租后售"是如何支持实体经济并造就新的中产阶级的。

2015年12月31日，东莞政府以楼面地价1820元/m²的超低成本，向华为提供总建筑面积约41.43万m²，由20栋住宅楼、一栋幼儿园及社区配套组成的住宅用地。整块土地预计可容纳5000多人居住。按照华为内部公布的东莞松山湖第一批住宅配建项目（湖畔花园）的分配方案，带精装修价格只要8500元/m²，远低于松山湖目前2.5万元以上的商品房市场均价。

按照规定，前5年是租赁，期满后由员工购买（员工拥有完整产权），购买5年后允许转让，也就是相当于总共要10年后才能入市流通。据报道，东莞将通过这种"先租后售"模式，为华为提供多达3万套员工住房。

这一住房制度的效果几乎是立竿见影。根据凤凰财经调查，从2015年下半年到2016年5月，华为公司在深圳缴纳个税的人数持续减少，从去年的7.29万降到了2016年一季度的6.3万人，而到2016年5月员工则减少到2.05万人。减少人员月均税额4000元，测算减少年度税源9.84亿元。现金流从深圳向东莞迅速转移。2015年当年，华为就在东莞创下了10亿元的税收，成为东莞第一纳税大户，并在2016年成为东莞第一个产值破千亿企业。

1998年房改是中国改革史上最成功的一次改革，实际上就是"先租后售"，现在支撑中国消费市场的中产阶级，大部分都是"98房改"的结果。相比中国的"房改"，新加坡的组屋虽然可以买卖，但由于不能进入商品房市场，居民分享不动产升值（造就中产阶级）的效果，要比中国差很多。

好的"去杠杆"不应仅仅是"消极去杠杆"——尽量偿还债务，而应是"积极去杠杆"——通过增加新的、低贴现率的高质量信用，稀释、摊薄高风险的信用，从而确保市场通货供给的充足。"杠杆"是资产与其现金流的比值，消极的去杠杆是缩表、还债，积极的去杠杆则是增加现金流。两者效果都是去杠杆，但社会痛苦感受大不相同。在实施"先租后售"过程中，东莞政府没有增加新的负债，税收的增加意味着债务的降低，从而实现"积极去杠杆"。

"先租后售"与"只租不售"最大的差别，就是企业员工可以以较低的价格购买城市"原始股"，满一定时间后，期权解禁，从而获得分享城市增值的资产。对比与政府合资入股，分享增值的"共有产权""先租后售"的带给参与者的财富效应要大得多。

循此途径，大批新入职的就业者可以顺利成为稳定的"中产阶级"，中国经济也就可以从"外需依赖"转向"内需依赖"，就能更有资本应对保护主义日渐浓厚的国际环境。

需要指出的是，"先租后售"不是福利房，其盈利模式是以低价住房为"饵"，从企业税收中"获利"。资本的来源是将原来无法资本化的低端劳动力资本化——通过将未来租金作抵押，盘活了原来因流动而无法定价的"低端"劳动力。同打压房价解决"住"的策略不同，"先租后售"不减少不动产市场上的总信用，只是增加了产生更多现金流（租金）的"好信用"。不仅不会导致通货紧缩，反而有利于稀释金融风险。

"去杠杆"是一个多重目标高度复杂的政策设计。怎样既保持足够货币供给数量，又不增加经济运行的风险，是设计的"两难"。简单地限购、去债、缩表、打压房价，都会导致"未来收益"这一商品的大幅缩水。而靠抵押这些财富生成的货币一旦消失，整个经济就会面临"大萧条"。国际经验反复表明，用错误方式"消极去杠杆"，无不导致显著的衰退。只有中国在2004年（土地开始招拍挂）到2008年（"4万亿"之前）成功实现了增长与去债务同步的"积极去杠杆"。

"先租后售"由于成本较低，融资压力不大，但却可以通过"租"创造稳定的现金流，从而成为低贴现率的"良"信用，摊薄高贴现率资产在货币构成中的比重，降低金融资产的风险，达到"去杠杆"的目的。这样的"积极去杠杆"不仅不会减少货币的供给，反而创造更多的货币，实现"在前进中解决发展带来的问题"。

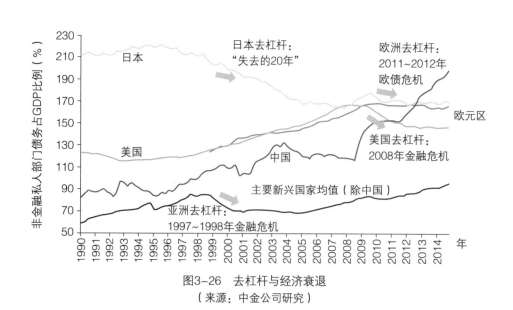

图3-26 去杠杆与经济衰退
（来源：中金公司研究）

3.9.4 建议四：财产税

如果说杠杆就是"未来收益"（虚拟财富）和真实现金流收入（实体经济）的兑换率，那么增加现金流收入本身就是"去杠杆"。"高速度增长阶段转向高质量发展阶段"就是资本型增长转向现金流型增长。对不动产为主的财产征收财产税，既可以抑制房价上涨，又可以增加现金流收入，可谓一举两得。随着地方政府土地出让趋于尾声，现金流缺口扩大，开征财产税的呼声越来越高。

但与此同时，我们也必须看到开征财产税的副作用。很多对财产税的批评，都是集中在财产税征收合理性和征收阻力上，而忽略了财产税对信用、对资本乃至整个金融体系稳定有可能带来的风险。看上去开征财产税正好符合"房子是用来住的，不是用来炒的"这一要求，但其代价就是住房作为资产的功能会因此而减弱[①]。

很多学者根据发达国家的税收经验，认为只有对住房为主的不动产开征财产税，才能真正建立起住房调控的长效机制。不错，财产税是西方多数国家公共服务交易的主要形态，在地方政府的收入中占有很大的比重。但与西方国家不同的是，房地产市场在中国的资本市场乃至货币生成中扮演着远比其他国家重要得多的角色。

财产税的本质，就是政府开始支取本来包含在地价里的"现金流收益"。地价的来源就是未来收益的贴现，财产税越高，"未来收益"越小，不动产价值就越低，不动产的资本性功能就越弱。对比资本市场就可以理解财产税的去资本化效应——如果企业向股东的股票征税（而不是分红），这样的股票还有价值吗？

中国的房地产市场之所以具有比其他国家房地产市场更显著的资本市场特征，很大程度上恰是因为房地产市场没有财产税。一旦开征财产税，资产性住房就可能因集中套现致价格暴跌，全社会的资本存量就会急剧缩水，抵押物大规模贬值必然引发信用危机。在发达国家资本的信用主要来源是债券市场、股票市场、期货市场，开征财产税对资本市场乃至货币供给数量影响有限。但在中国，经济增长的核心动力是"土地财政"，信用大部分来自于房地产，一旦房地产市场资本属性消失，很难找到与之相匹敌的资本。

在"贷款创造货币"的信用货币下，货币供给数量必然减少，流动性不足，基于货

---

① 取决于税率高低。

币分工的产业链条缩短①，最终，大规模失业可能将经济系统性风险转化为更加凶险的社会危机。在其他国家只会诱发海潮的"财产税"政策，到了中国引来的可能是海啸。

十几年前，中国和现在大部分市场经济国家一样，主要依靠"顺差生成货币"，美元如同贵金属成为本币发行的基础。这样的货币发行制度，必然是以丧失货币主权为代价。一旦美国不再施舍顺差，高度依赖货币分工的中国经济只能选择屈服。今天，中国之所以可以不惧与美国展开贸易战，主要原因之一就是中国通过"贷款创造货币"重新获得了货币主权。

中国要想获得全球贸易大战的主动权，就必须确保"贷款生成货币"机制不倒，而"贷款生成货币"的前提，就是有足够坚挺的信用，信用的基础就是资产带来的现金流。未来贸易战的决战，就是看谁的货币信用——美国的股市、欧洲的债市和中国的房地产——谁最后倒。

在这个视角上，我们就可以理解为何财产税在中国经济中如此重要。财产税汲取资产的现金流而不是注入现金流，作为资本的不动产必将贬值。这就有可能摧毁中国经济信用最大最稳定的来源——房地产市场。因此，在建立替代性的资本市场之前（这在短期内是不可能的）开征财产税就是大战一触即发之际自毁长城。

但"谨慎"并不意味着任由住房市场资产泡沫膨胀。有效的政策应该区分存量和增量：

在存量市场要迅速减少土地供给。限制通过小产权房改造、棚产区改造（简称"棚改"）、"三旧"改造（指"旧城镇、旧厂房、旧村庄"改造）等渠道进入商品房市场的规模，到期住房开征财产税，根据租金（比如10倍租金）而不是市价确定抵押品价值等。目的是严防不动产市场无预警崩盘。

在增量市场则转向现金流收入优先，比如，新住房开征财产税，土地拍卖年租金而不是一次性地价，棚改、"三旧"改造住房进入租赁或保障房市场，大量推出"先租后售"的保障性住宅等，目的是压低"住"的成本，补贴实体经济，然后再从实体经济间接获得现金流的办法"积极去杠杆"②。

---

① 想象一下美国突然对股票市值征税或者欧洲对债券市场征税的后果，我国对房地产开征财产税的对经济带来的震撼只大不小。

② 也许经过一段时间，当股票、债券、期货等资本市场发育到足以取代房地产市场的资本功能时，财产税才可能逐渐成为主流税种，房地产调控的长效机制才会最终成熟。

3.10 本章小结

任何理论都只是对现实的模拟而非现实本身，货币数量增长理论也是如此。将经济模式分为以货币分工为基础的市场经济和以契约为基础的非市场经济，并非说前者无需契约后者无需货币，而是前者的"经济基础"是货币，"上层建筑"是契约；后者的"经济基础"是契约，"上层建筑"是货币——"起基础性作用"的分工方式不同。

中国经济很大程度上是建立在"土地财政"基础上的经济。商品房（准确地讲应该叫"资本房"）在货币生成过程中，扮演着极端重要的角色，而货币又在市场经济中"起着基础性的作用"。涉及"土地财政"的改革（包括农地制度、住房制度、土地指标制度）不仅影响居住，同时影响中国经济的底层——货币供给。

"土地财政"通过参与货币创造，深刻地影响着经济的所有方面。房地产市场崩盘，其影响范围远大于股票、债券、期货等其他任何资本市场。在信用货币时代，资本市场的萎缩就是流动性萎缩，流动性萎缩就是货币分工经济的萎缩。由于货币供给规模决定了中国经济的市场化程度，一旦基于"土地财政"为基础的信用体系崩塌，整个经济就会出现系统性危机，中国在世界经济的竞争中就会不战自败，过去40年的改革就会归零，没有哪个行业可以独善其身。

面对新的货币生成机制，货币供给管理工具也必须随之变化。土地财政创造的信用怎样进入货币创造就变得极端重要，目前我们对这一过程的管理几乎是一片空白。商品房市场没有像股票、债券、期货那样被纳入金融管理体系，而被作为一种民生商品由城乡建设部门管理，认识上的不足必然体现在行动上的不足。过去几年的房地产政策乏善可陈，实际上正是对新的货币生成机制无知的体现。

住宅的长效机制不存在简单的答案，作为资本的住宅和作为商品的住宅在经济中扮演着不同的角色。长效机制要能够区分不同的住房市场：一方面，要规范商品房市场，防止其无预警崩盘；另一方面，要开辟独立的住房供给体系，为创造现金流的实体经济提供低成本的居住空间。在行政分工上，前者应当主要是金融管理部门的职责，后者则更多的是住房保障部门的职责。

第4章 房地产长效机制财税政策分析和建议

本章作者：刘彪　陈勇

　　房地产长效机制是综合运用金融、土地、财税、投资、立法等手段，遏制投机，稳定房价，促进房地产市场平稳健康发展的重要举措。与限购、限售等短期调控政策相比，长效机制能够从长远的角度出发，保障房地产市场运行秩序，因此，长效机制必须是可控的和可持续的，而财税手段，尤其是房地产税收政策，正符合这一预期要求。

作者简介

　　刘彪，香港中文大学博士，香港中文大学深圳研究院研究员，深圳清华大学研究院斯维尔城市信息研究中心常务副主任，澳门城市大学大数据科学学院特聘教授，ISO可持续发展委员会注册专家，国际电工委员会智慧城市系统委员会（IEC）注册专家。

　　陈勇，剑桥大学博士，房地产金融专业，国家注册城乡规划师。现任职于住房城乡建设部房地产行业主管部门。长期在规划国土房地产领域工作，具有丰富的基层工作经验。研究兴趣主要为房地产金融、物业管理、城市规划。

4.1 国内外房地产税收实践与分析

从国际来看,房地产税收主要包括两方面:交易环节的交易税和保有环节的房地产税。其中,房地产交易税是包括我国在内的世界绝大多数国家开征的税种,主要针对在交易环节的各个阶段进行征税。我国的房地产交易税主要有营业税、契税、土地增值税和城市维护建设税等,具有税率高、成本低、遏制房地产市场过热等优点,但缺点也十分明显,例如,税额受交易活跃程度影响波动性较大,不利于形成稳定税源,对国家和地方政府财政收入保障能力有限;再者,在交易环节给市场降温的同时,也抑制了房地产的流动性和资金流转速度,容易加重企业负担。因此,从长远来看,依赖于交易环节税收的房地产长效机制财税手段是不可控和不可持续的。保有环节的税收主要是指房地产税,世界上的许多国家都已经开始征收,这些国家经过多年实践,已经建立起了比较完善的房地产税收制度,形成了稳定的税收来源。

4.1.1 保有环节房地产税收占比情况

从房地产税占地方财政收入的比例来看,总体而言,在经济较为发达的国家和地区,如西欧、美洲、日韩等,其比例普遍较高,通常能达到20%~50%[34],例如美国是42%,英国是26%,日本是29%,阿根廷是35%,爱尔兰则达到了96%。而这一比例在发展中国家则相对较低,通常在20%以下[35],例如俄罗斯为7%,菲律宾为13%。尽管这一比例在不同国家差异较大,但不可否认,房地产税已经成为世界各地地方政府财政收入的重要来源。

在我国,保有环节房地产税收所占地方财政比重较低,仅为4.9%[36],而交易环节税收比重较大,这说明我国地方政府财政收入更依赖于交易环节税收。

4.1.2 房地产税制要素情况

从征收对象来看,大多数国家既对土地征税,也对构筑物征税,而一些国家,比如巴西,对农村土地设置了单独税种。除此以外,世界上还有一些国家仅对土地或房屋一种进行征税，甚至完全不征收。

目前，我国在房地产保有环节只针对单位纳税人和经营性用房征收房产税和城镇土地使用税，而对个人自住用房免征，这本身就造成了税源过窄的天然缺陷，从而导致保有环节税收在我国政府财政收入中的比重过低。虽然我国已在上海和重庆两地试点征收个人住房产税，但也由于诸多限制因素，仍然没有改变税源少、税额低的局面。另一方面，保有环节税收缺失也间接导致地方财政过度依赖土地收入的情况发生。

从税率设定来看，不同国家对税率设定的裁量权不同。有些国家允许本地政府地产税自治，如澳大利亚、加拿大、美国和南非；有些国家本地政府可以有裁量权，但受中央政府和省政府的限制，如印尼、菲律宾；其他国家不允许本地政府设定房地产税率，如中国和泰国。另外，一些国家的地方政府会因地制宜的根据不同的征收对象设置不同的房地产税率，实现税率差别化处理和征管，充分体现了税收公平性。

我国幅员辽阔，各地经济社会发展程度不同，人口构成和生活习惯也差异较大，因此，我国在实施房地产税征收时，可充分借鉴国外，尤其是亚洲国家的成熟实践经验，在统一的法律框架内，设置符合国情的房地产税率。

4.1.3 房地产税收征管和评估情况

从房地产税征收管理来看，在不同的国家也存在差异。大部分国家税收的征管和留存是地方政府的职责，也有相当数量的国家由中央负责或中央与地方合管（表4-1）。在大多数由地方政府负责征收房地产税的国家里，中央或省级政府保留着决定税基的权力，地方政府享有确定税率和税收征管的自主权。从房地产评估来看，与税收征管职责主要集中于地方政府不同，房地产评估也存在相当数量的由中央政府负责、中央与地方共同负责，或私营机构和房地产所有者负责的国家（表4-2）。另外，由谁负责估价也会对税务业绩产生影响，事实上，本地政府估价的体系能创造更好的税务业绩。

目前，我国的房地产税权高度集中在中央，而操作层面的收税征管和评估工作主要由地方政府负责。

房地产税征管（国家数量）[35]							表4-1
地区	中央	中央/省级/地方	中央/省级	中央/地方	省级	省级/地方	地方	合计
非洲	12	0	0	6	0	1	28	47
亚洲	9	0	0	9	1	4	15	38
大洋洲	1	1	0	1	0	4	6	13
欧洲	1	1	0	8	1	4	17	32
北美和加勒比海国家	10	0	0	3	0	2	15	30
南美	0	2	0	0	1	0	8	11
全球	33	4	0	27	3	15	89	171

注：表中数据摘自《全球房地产税实践与中华人民共和国房地产税改革路径》。

房地产评估（国家数量）							表4-2
负责政府部门或机构	非洲	亚洲	大洋洲	欧洲	北美和加勒比海国家	南美	全球
国家数							
中央政府	14	7	5	15	11	2	54
地区政府		1		2	2		5
本地政府	9	4	3	6	4	4	30
共同负责	5	7	3	6	5	5	31
地产所有者自行估价	7	7		6	3	4	27
私营部门机构	10	2	2	4	4		22
总计	45	28	13	39	29	15	169

4.1.4 争议处理和上诉机制

由于房地产税涉及纳税人的切身利益，几乎所有国家都建立了一套完整的房地产税征收争议处理机制。所有人都可以提出质疑并咨询、申请争议处理和重新评估，甚至上诉解决问题，整个流程都有相关的法律法规来约束和管理，充分体现税收公开原则，保障纳税人权益。

在我国，无论是保有环节征税的试点城市上海和重庆，还是涉及交易环节房地产税收的其他城市，基本都有相应的争议处理方案，能够应对现有以交易环节评估为主的房地产税收模式。尤其是以深圳、杭州为代表的交易环节税基评估工作基础较好的城市，已经建立了完整的争议处理机制。但从整体上来看，这种各自为战，缺乏全国性统一标准的争议处理体系不能满足保有环节评估争议处理需求，也不利于将来房地产税实施，甚至影响以财税政策为主要手段之一的房地产长效机制的稳定运行。

4.1.5 总结分析

综上所述，世界上已经广泛地开始征收保有环节房地产税，许多国家也已经建立了完善的房地产税收体制，无论是法制建设，还是实施实践，都为我国制定房地产财税政策，特别是保有环节税收政策，提供了丰富的参考依据。

与此同时，这些国外成功的房地产税征收实施案例也折射出我国目前房地产税收政策中存在的问题：一是房地产税立法和税制设计还不完善。一方面，缺乏全国统一立法，以及相关标准和规范，不利于国家向下推行，也不利于操作层面的具体实施；另一方面，缺乏法定的房地产税征收目的和使用方向，容易引起纳税人的抵触。二是房地产税的社会认可度低。长久以来我国缺乏对房地产税的普及宣传，导致房地产税概念尚未深入人心，同时也存在诸多错误认识，影响房地产税的实施。三是税收结构失衡，税基过窄。重交易环节，而轻保有环节，导致税收收入不稳定且不可持续，其主要原因之一是税基过窄，不能提供足够税源，无论是从我国现行税收体制分析还是从上海、重庆试点结果来看，都证明了这一点。四是地方政府权力有限，配套不完善。在我国房地产税收体制中，地方政府只能遵从中央或省部级的命令行事，自主权利受到很大限制。这种税收体制一方面影响地方政府的积极性，另一方面地方政府也不能根据自身条件因地制宜地进行配套体系建设，进一步提高了税收难度。五是地区差异大，税收政策执行力不同。由于我国城乡、东西和南北差异较大，这使得一刀切式的税收征管体系很难得到一致执行，从而影响税收公平性。

4.2 政策与建议

结合房地产长效机制财税政策的需要，我国房地产税制设计必须坚持合理原则，这也是一个是否能够得到纳税人认可，能否长期推行下去的关键所在。在房地产交易环节，适当减轻房地产建设、交易税费负担，降低契税、土地增值税等税负，取消城市基础设施配套费等收费基金，彻底消除重复征税。在房地产保有环节，一是立法先行，明确房地产税制改革目的，坚持以筹集收入为主，保障地方财政能够支撑高质量公共服务建设，在此基础上兼顾稳定和促进市场健康发展；二是要凝聚共识，提高社会对税制改革的认可度；三是要坚持宽税基、广覆盖，将所有房地产纳入征税范围，改变目前税收结构失衡的局面，同时给予特定对象必要的税收减免；四是依法授予地方政府自主管理权限，因地制宜地推进房地产税制改革；五是认清差异，有轻有重，有急有缓，有序推进，最终实现税制改革目的。具体如下：

4.2.1 统筹设计，税收法定

征收房地产税是我国税制结构优化和地方税体系建设的重要组成部分，意义重大，影响深远，涉及千家万户的利益，要将其放在整个税制改革的大背景和整体房地产税收体系下进行考虑。因此，我国要充分考虑未来改革目标，充分借鉴国外成熟经验，统筹安排，做好重构房地产税制和开征房地产税的顶层设计。

同时，顶层设计需要以法治为根本准绳，通过立法，明确税制要素、税基评估、征管措施、优惠政策以及争议处理机制等。做到有法可依，有法必依，确保房地产税能依法实施，真正起到保障税收、稳定市场的作用。

4.2.2 明确目标，凝聚共识

我国的房地产税制改革和征收的目的，应明确定位为筹集收入，保障基层地方政府的公共服务，同时兼顾其他功能。虽然在征收初期，由于各地推进程度、征收力度不同，房地产税的收入会较低，作用有限，但从长期来看，房地产税将会成为地方政府财政收入的重要来源,以及房地产市场长效机制中可控、可持续的调控手段。

房地产税作为对人直接征收的税种,与纳税人的利益密切相关。但同时,由于我国长期实行对个人住宅免税的政策,民众为房地产纳税的意识比较薄弱,社会认同度较低。因此,一是要理清问题,消除公众误解,形成有利于推进税制改革的舆论氛围;二是要加大宣传力度,增强民众的参与程度,广泛听取和吸收民众意见,以便获得民众认可和支持;三是税收用于实处,提高服务水平和生活环境质量,增加民众的幸福感,凝聚纳税共识,从而逐渐形成从被动纳税到积极纳税的思维方式转变。

4.2.3 拓宽税基,优惠减免

拓宽税基能够解决我国目前由于税基过窄而造成的税源缺失问题。首先,宽税基是解决当前交易和保有环节税收结构失衡问题的前提和基础,进而逐步改变地方政府过度依赖房地产交易环节税收的局面;其次,宽税基能够创造更多的税收,从而有效保障地方政府财政收入,使得地方政府有能力为纳税人提供更多的公共服务,实现税收"取之于民,用之于民";最后,宽税基将所有房地产纳入征收对象,平等对待所有房地产拥有者(或使用者),是税收公平性的重要体现。

在拓宽税基、增加税收的同时,税收政策也要把握量能负担和适度原则,即对特定人群制定税收优惠政策,如老年人、残疾人、低收入者等,给予一定的税收减免,将其房地产税负担限定在收入的一定比例内,使其能保持基本的生活水平。这也是影响房地产税收改革能否成功的关键因素。

4.2.4 因地制宜,充分授权

由于我国幅员辽阔,各地经济社会发展程度不同,房地产情况也差异较大。由于地方政府对本地情况最为熟悉,在估价实施、适用税率、优惠政策等方面应给予地方政府较大空间,允许其根据本地实际自行确定。另外,房地产税收入作为地方财政的重要补充,由地方政府支配,因此,地方政府在房地产税收征管和税收使用上应该具有更多的自主权利,完善配套政策和设施,这样也利于发挥地方政府的积极性、主动性。

在充分授权的同时,也应注意统一与分散相结合,即授予地方政府的权利应该在中央房地产税法律法规和各种国家层面的标准、规范的基本框架内实现，避免违法越权，保障房地产税改政策实施，促进房地产长效机制的稳定运行。

4.2.5 充分准备，分步推进

从认知层面看，我国对住房征收房地产税一直处于空白状况，民众对于个人住房征税更需要有一个逐渐接受、适应并认可的过程。从操作层面看，由于地方差异，全国各地统一按照相同的税制要素和改革速度执行是极不现实的。因此，我国推进房地产税收改革宜坚持总体设计、统一立法、允许地方因地制宜地决定当地税制要素和推进速度；征税对象上关注重点、逐步覆盖；税收负担上从轻起步、逐步提高，最后达到在全国普遍征税的目的。

无论是根据我国的实际情况，还是借鉴国外成功经验，在房地产税开始征收初期，一定会遇到各种阻力，甚至超出预期，因此，在实施之前，中央和地方政府要充分认识推行难度，做好思想准备，循序渐进，分步推进，最终实现房地产税收制度改革目的。

第5章 公共投资机制对稳定房地产市场的作用

本章作者：潘艾敏

公共配套服务是房价的关键决定因素。西方学者对配套与房价之间的联系进行了长期、系统的研究，如Lerman[37]、Oates[38]、McFadden[39]、Bowman[40]、Bhat[41]、Kim[42]等。我国自2004年以来，关于这方面的分析也日益丰富，并且确认了公共配套设施对房价存在重大影响，如地铁开通对物业价格提升程度在15%~25%左右①。临近的小学、初中质量每提升一个等级，周边有入学名额的住房价格将会提升3%~5%[43]左右。综合等级较高的医院处于物业周边1~2km范围内，也对房价有正面提升作用。

当前，我国发达城市内部、城市之间，普遍存在公共配套服务差异，资源分布严重不均衡。这些公共配套服务往往又与住房所有权绑定在一起，加剧市民对优质住房的竞争，出现"天价学区房"等畸形现象，影响预期，不利于房价的稳定。城市内部、城市之间行政区划一线之隔，两边的房价可能天差地别。

十九大报告要求，要根据人民生活需求，积极完善公共服务，推进大中城市和小城镇协调发展，到2030年实现基本公共服务均等化。2016年中央经济工作会议也提出，要通过综合运用金融、土地、财税、投资、立法等手段，加快研究建立符合国情、适应市场规律的基础性制度和长效机制。公共服务作为政府投资的重要组成部分，已被纳入房地产长效机制当中。公共资源配置的均等化，对疏解核心城市和核心区域的人口、房价压力，将发挥显著作用。

---

① 第一太平戴维斯. 商业地产地铁效应专题报告.

作者简介

毕业于北京师范大学，现任万科集团首席经济学家。

5.1 完善政府公共投资的国际经验

自20世纪60年代郊区化开始,发达国家出现以城市群和大都市区为特征的协同发展趋势,城市行政边界被打破。50多年来,其在应对人口增长、完善政府公共投资方面积累了较多经验。

5.1.1 成立跨行政边界的一体化协调机构和机制

一是,建立更高层级的行政机构,制定全局性的长期战略规划,管理并推动城市间协同发展。如大伦敦政府、美国双城大都市区议会,分别由《大伦敦政府法案》和州法院授权成立,具有法律强制性[44]。日本设立中央直属的首都圈整备委员会和国土厅下属的大都市圈整备局,对地方政府具有指令作用[45]。新加坡设立概念规划委员会、城市总体规划委员会和城市开发控制委员会,确保规划在各区落地和衔接。

二是,组建地方政府联合组织。联合组织通常由城市群内各地政府自愿发起,不涉及行政组织的调整,主要发挥沟通协调作用,提高政府间合作效率。如美国的地方政府协会,由联邦政府、州政府赋予法律地位,负责城市群规划方案的制定、实施、监督和评估,如南加州政府协会。日本也存在各地方自治体的首脑自发组成的联席会议,如七都县首脑会议、首都圈港湾合作推进协议会等[46]。

三是,视实际情况需要调整行政区划。市县合并是美国所采取的常用方式,能克服行政边界导致的决策实施困境,扩大中心城市的发展范围,对缓解城郊矛盾也起到了一定作用,如Nashville市和Davison县的合并[44]。

四是,针对特定的区域问题设立单一功能的协调机构。如纽约市和新泽西州联合成立的港务局,90多年来一直管理和协调着区域内的大部分交通设施,以及日本东京都市圈交通规划协议会等[44]。

5.1.2 强化规划的指导作用

主要世界级城市群一般会针对未来10~25年的发展做出战略规划,并根据实际实施情况逐年微调。一些国家还出台相关法律条例，保证规划权威性。

大伦敦地区自1944年起编制了11次规划。最新一版于2016年制定，对未来20年大伦敦经济、环境、交通、社会、住房、文化发展做出整体安排。70多年间，《新城法》《内城法》《城乡规划法》等相继颁布，为规划落实提供保障。

纽约大都市区的纽约区域规划协会（RPA）1921年至今已完成三次规划。第四次规划于2013年启动，展望至2040年。纽约城市地铁和市郊铁路融入大都会交通管理局和新泽西州运输系统，便是在1968年第二次规划中决定的。

东京都市圈在1958～1999年间先后编制了五次首都圈整备计划。每次规划间隔约十年，展望未来10～15年。中央政府通过立法保障规划实施，如《首都圈整备法》《首都圈市街地开发区域整备法》《首都圈近郊绿地保护法》等。2000年以后，日本总人口下降，部分地区人口大规模净流出，土地抛荒。2004年，日本宣布不再制定全国性的国土开发规划，中央政府在区域开发中的角色由直接干预更多地转变为间接的政策引导和协调[48]。

新加坡发展规划包括战略性的概念规划和实施性的开发总体规划。概念规划指导未来40～50年的公共建设发展，制定长期土地应用策略，绘制示意性规划图，已编制了两版。开发总体规划适用于未来10～15年的中期发展，是法定的土地利用规划，包括用途和开发强度等。

5.1.3 不断完善人口预测，为城市、城市群发展提供依据

人口规模是城市发展公共服务的出发点。能否科学、准确把握人口发展趋势，决定了规划能否真正落地、满足市民的实际需求。

《伦敦基础设施规划2050》（*London Infrastructure Plan 2050 a Consultation*）的编制依据人口模型预测结果：到2050年，伦敦总人口增长37%～1127万人，内城人口增长40%；劳动力每年增长0.71%～630万。规划据此预判未来公共交通需求增加50%，地铁和铁路需求上升60%、80%，还需建设新的机场枢纽；学校需增加600多所；新建住房每年需增加4.9万套等。

纽约区域规划协会（RPA）根据区域预测模型，预计到2040年（One New York：The Plan for a Strong and Just City 2015）[49]，纽约大都市区将增加370万人口和190万

个就业岗位。纽约市2015年的最新规划中提到，2040年与2007年相比，纽约市总人口从840万增至900万，就业岗位从417万增至490万，其中45分钟通勤距离以内的就业岗位由140万增至180万；铁路货运量比例由2.3%增至7.3%，水路货运量由5%增至8%。

日本政府每隔五年进行一次全国人口分析和预测，涉及指标包括各年龄段、性别、地区、昼夜人口、就业人口、家庭、企业、入学、死亡率、疾病分布等，并对各项指标的现状和未来趋势进行分析（表5-1）。

东京圈人口和预测人口（万人） 表5-1

数量（万人） 年份	东京圈人口 （一都三县）	规划估计十年后人口 （中位数）
1960	1786	2349
1970	2411	2884
1980	2870	3137
1990	3180	3477

数据来源：日本统计局，各年人口普查报告。

5.1.4 大力发展通勤交通

在多数国际发达城市群内部，交通以公路和轨道为主，鼓励公交出行，实现多种运输方式联动与无缝连接。

轨道交通是各世界级城市群内城际、城郊交通的最重要组成部分。如每天早高峰进入伦敦市中心上班的居民中，有80%左右通过铁路、地铁和快速轻轨等组成的综合轨道交通系统出行[50]。纽约大都市圈城际交通虽然以高速公路为主，但跨行政区域运行的PATH轨道系统仍然承担了将纽瓦克和泽西市的通勤人员运输至纽约市内的地铁系统的重要功能。

东京都市圈轨道交通十分发达，支撑和推动了都市圈一体化发展。目前东京圈已形成约3500km的轨道交通体系。该体系按照站间距离和运行速度分为5个功能层次，分别为：新干线承担东京和主要城市间中长距离高速运输；城际快速列车承担都市圈内核心城市和次级城市间快速运输；普通列车承担各个大站与就业中心、居住区之间运输；

地铁主要在中心城区运营；有轨电车主要服务于局部区域[51]。东京都市交通局的数据显示，东京铁路密度高达每平方公里1.01km，远高于纽约（0.41km）[52]。

新加坡采用公共交通先行的策略，包括增加轨道站点密度，要求到2030年全岛范围内80%的家庭在轨道站点的10min步行距离内（2017年该比例已达64%）；加强公交设施和票务系统一体化建设；通过小汽车拥车证及道路拥堵费等措施严格限制私家车的使用。2017年新加坡轨道交通里程达229km，高峰公共交通出行比例为67%[53]。

5.1.5 均衡教育、医疗资源配置

1. 科学制定教育、医疗配置标准

英国2015年公布了《社会基础设施的补充性规划指导》（简称《指导》）。该指导基于人口普查、人口预测以及基础设施交付计划，评估未来15~20年的基础设施和公共服务需求，并针对不同的人口密度制定了最低配置标准（表5-2）。

不同密度区域最低配置标准　　　　　　表5-2

地区设施	辐射人口规模	在不同总密度下的最小合理可达性标准			
		每公顷40人	每公顷60人	每公顷80人	每公顷100人
幼儿园	2000	600m	500m	400m	400m
小学	4000	800m	700m	600m	500m
中学	8000	1200m	1000m	700m	700m
高级中学	16000	1500m	1200m	1000m	1000m
健康中心（含四个医生）	10000	1200m	1000m	900m	800m
商店	1500	500m	400m	400m	300m
酒馆	6000	1000m	800m	700m	600m
邮局	5000	800m	700m	600m	600m
社区中心	4000	800m	600m	600m	500m
地区中心	6000	1000m	800m	700m	600m
区中心超市	24000	1900m	1500m	1300m	1200m
休闲中心	24000	1900m	1500m	1300m	1200m

来源：Mayor of London. Social Infrastructure Supplementary Planning Guidance，May 2015.

纽约各自治区下的社区委员会是设施评估和规划的主体。每年基于该社区人口规模、结构的动态变化以及设施的实际运营情况等，判断下一年设施的更新和增补需求。政府建立了"城市设施与项目位置数据库"，便于相关机构获取服务设施数据和邻里土地利用规划等信息。此外，纽约对特定区域还有专项标准，如曼哈顿社区管理与服务设施配置[63]（表5-3）。

曼哈顿CD9管理服务设施配置类别和数量　　　　　表5-3

设施类别	项目	数量（座/处/个等）	设施类别	项目	数量（座/处/个等）
学校	公立小学和中学 私立/教区小学和中学 大专院校	22 7 9	心理健康服务 残疾人服务	非住宅 住宅 非住宅	16 8 2
娱乐和文化设施	图书馆及文化机构 绿地公园	3 60	儿童日间照料服务	住宅 日间和早期教育设施	1 32
公共安全和刑事司法设施	纽约市警察局，纽约市消防局，法院和惩教设施	7	老年人设施	老年人活动中心	3
疗养院、医院、疗养院和门诊设施	疗养院，医院，收容所和医院住院病房	3	成人和家庭住宅及饮食服务设施	住宅	13
	门诊设施和与项目	12			
药物依赖性服务	住宅	2	交通设施	食物项目和收容中心	19
	非住宅	2		港口	1
				公共汽车站	1
心理健康服务	住宅	9	废弃物管理设施	废弃物处理站	1

来源：周永根. 美国社区管理与服务设施配置及其标准体系研究——以纽约为例[J]. 城市学刊，2017，38（03）：53-59.

日本无论核心都市或偏远郊区，方圆6km内都会有一所小学和一所中学。根据日本统计年鉴数据，2013年东京圈平均每十万人拥有综合性医院4.0所，普通诊所75.9所，牙科医院62.2所。具体见表5-4、表5-5。

东京圈核心区与新城教育设置配置比较　　　　　表5-4

地区	面积（km²）	每十万人拥有（所）			
		幼儿园	小学	中学	高中
东京23区	627.6	7.5	9.1	5.5	3.3
多摩	21.0	5.4	12.2	7.4	2.0
筑波	284.1	6.9	12.6	5.2	

数据来源：东京都统计局，2017年度学校基础统计（学校基础调查报告）；筑波市政府网站；本研究计算。

日本医疗机构人员配备　　　　　表5-5

	具体医患关系	患者／医生或护士
一般病床	患者/医生	16∶1
	患者/护士	3∶1
	患者/药剂师	70∶1
疗养病床	患者/医生	48∶1
	患者/护士	6∶1
	患者/药剂师	150∶1

数据来源：顾亚明. 日本分级诊疗制度及其对我国的启示[J]. 卫生经济研究，2015, 32（3）：8-12.

2. 多种措施保障公共服务均等化

发达国家公立学校入学一般采取就近制，以居住地址为依据，租房买房一视同仁。如新加坡租房只要住满30个月，即有就近入学的权利。

日本还制定了教师轮岗制度，并颁布了《教育公务员特例法》《公立义务教育诸学校教师薪酬的特别措施法》《教师相关津贴规则》等法律条例来保障教师的地位和权益。中小学教师等同于公务员管理，工资待遇丰厚且按年限晋升。教师或校长在一个学校任职3～5年后，都必须轮换到其他学校任职。政府通过提供住房补助、通勤津贴、偏僻或寒冷地区津贴等措施，鼓励优秀教师到偏僻地区学校任教。1996年，日本有9.6万教师实行了流动换岗，流动率为17.1%，保证了各地区各学校的教育水平均等[58]。

医疗方面，大多数发达国家都推行分级诊疗，对各医疗机构的功能进行详细分工。普通疾病去小医院，疑难杂症转诊去大医院，防止患者向大医院过度聚集。同时加强社区诊所和家庭医生制度建设，确保市民能就近获得基本医疗服务。日本的医疗配置也兼顾了基层地区的公平。日本国立医科大的医生工资只有基层医院的1/5，大医院医生必须到基层医院去轮转，不仅增加自身收入，也使偏远地区的患者可以享受到一样的医疗服务。

5.1.6 多渠道筹集公共服务资金来源

1. 政府直接投资

连接不同城市的重大基础设施项目建设主要依靠更高层级政府政策的引导和支持，包括上级政府的直接投资。比如英国的新城建设由新城开发公司承担，政府提供一定资本金，并给予开发公司和私人投资者贷款。日本东海岸新干线、主要机场和港口等，都由日本中央政府进行直接投资。

2. 财政转移支付

发达国家中央政府、州政府根据各城市人口底数、社会发展目标，设定带条件的财政转移支付制度。美国地方政府从联邦和州得到的基金约占地方总收入的三分之一[59]。日本中央财政对地方公立学校建设等开支补贴额度约为50%[60]。

3. 提高社会保障资金的统筹层级

大部分发达国家社保资金实行全国统筹，由中央进行跨地区的调剂，帮助各地平衡收支，解决地区、城市之间待遇不平衡，异地结算困难的情况，保障国民基本生存权的平等。

4. 通过政策性贷款、税收优惠等吸引私人投资

英国新城建设时期，中央财政提供期限为60年的固定利息贷款支持，贷款申请必须通过环境部或者苏格兰发展部的认可[61]。日本政府通过政策性银行设立专项贷款和导向贷款，以政府信用引导民间银行投资。对参与计划的民间企业，帮助其申请政策性银行的低息或无息贷款。

新加坡的PPP模式和日本的PFI模式是其基础设施建设的一大资金来源，主要集中在教育、医疗、文体、交通、环境治理设施。日本PFI模式中教育与文化的占比最高，

达三分之一[62]。此外，BTO、BOT和BT模式均有广泛使用。

5. 城市群之间共享金融资源

如美国洛杉矶污水处理厂的建设，由洛杉矶市与周边29个城市签订合作协议，洛杉矶市融资建厂，其他城市购买其处理污水的服务。这一合作充分发挥了洛杉矶市的资本优势，同时周边城市也享受了服务并支付相关费用，避免了"搭便车"的问题。其他包括市政府与县政府签订图书馆、公立医院服务等合约也较为常见。

6. 通过REITs融资

REITs起源于美国19世纪80年代。20世纪80年代以来迅猛发展。截至目前，美国公开交易的REITs有269只，总市值1.2万亿美元。其中，租赁住房等约2000亿美元。工业/产业地产、基础设施、仓储、数据存储中心等合计约3500亿美元。1998年亚洲金融危机后，为缓解房地产市场困境，东亚、西欧等20多个国家和地区学习美国做法，制定了包括免收企业所得税在内的各项配套政策，建立了REITs制度。目前，亚太地区上市交易REITs有180只，总市值约5200亿美元。欧洲109只，总市值2400亿美元。美国上市REITs资产构成见图5-1。

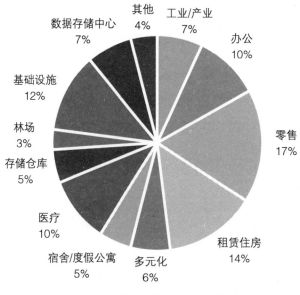

图5-1 美国上市REITs资产构成
数据来源：NAREIT

5.2 我国目前存在的问题

5.2.1 城市群中核心城市与周边公共服务差异悬殊

我国城市发展长期以单核结构为主。经济资源配置受城市行政级别引导，建设重心主要在大城市，近十年来才逐渐向多核心群体结构的发展模式转变，但空间设计、资源分配机制还不完善，尚未形成合理的分工协调组织机构，普遍存在区域发展不均衡等问题。

以京津冀城市群为例。根据2015年公布的《京津冀协同发展规划纲要》，京津冀城市群包括北京、天津两个直辖市和河北省的石家庄、唐山、秦皇岛、保定、张家口、承德、沧州、廊坊8个地级市。2015年北京和天津生产总值合计占京津冀城市群的62%。北京、天津的人均生产总值约为10.6万元，河北八城仅为4.6亿元，不到北京和天津的一半；最低的保定不到3万元[①]。

京津冀交通建设不足以满足庞大的人员往来需求。客运主要依赖公路，铁路占比不足10%[②]。城际轨道交通目前仅有126km的京津铁路，以及在建的地铁平谷线（72km）和京唐城际铁路（149km）。

北京聚集了主要的优质高等教育资源，拥有研究生培养机构138所，211工程大学26所，高考一本录取率高达30.5%。河北教育体系主要以职业教育为主，拥有高等和中等职业学校208所，但研究生培养机构和211大学分别仅有25所和1所，高考一本录取率仅为15.9%[②]。

北京、天津的医疗建设较为完善，分别有70家和30家三甲医院，占各自医院总数的10%、7.5%；河北八市合计仅有45家，仅占4%。北京每千人医师数4.4名，明显高于天津和河北八市的2.3名。地区差异导致异地就诊求医量庞大。2013年北京医院接诊人次破2亿，其中25%是河北患者[64]。

各类社会保障、公积金方面，京津冀缴纳基数、起付线、报销比例、报销封顶线都

---

① 京津冀城市群的生产总值、教育资源、医疗资源数据来自北京市统计年鉴和河北省统计年鉴。
② 高考一本录取率数据来源：搜狐新闻. 2016年各省高考一本录取率大比拼看你们省排第几. http://www.sohu.com/a/129563125_583552.

不同,医保目录也有较大区别。其中以北京所享待遇最高,如三级医院住院费用最高报销比例达70%,天津为55%,河北为50%。

5.2.2 城市内部资源分布不均衡

以北京为例。北京教育、医疗卫生、文化等优质公共服务资源主要集中在中心城区。据本研究统计,一级一类幼儿园、重点小学、重点高中位于城六区比重分别为80%、100%和70%。东西城区、海淀区和朝阳区合计拥有87%的三甲医院。东西城区的医疗条件最充裕,每千人医师、护士、床位数分别为9.9人、11.6人和12.1张,远高于北京市平均水平。其次的朝阳区分别为4.5人、4.8人和5.1张。这种极端形态的地理分布导致中心城区长期人口压力较大,房价高。加之北京市内部公共交通出行分担率极低(仅为49%),其中轨道交通占公共交通出行比例55%[65],造成交通严重拥堵。

5.2.3 主要城市执行公共管理时使用的人口基数严重偏离实际

人口是配置公共资源的基础。但在我国,主要城市执行公共管理时使用的人口基数普遍严重偏低,导致公共服务供给不足。如多项研究基于通信设备数据和移动互联网数据追踪,认为北京、深圳实际常住人口较官方数据高出近1000万人。2010年,世界银行借助卫星和地理空间信息分析等技术的研究显示,广州、深圳、佛山和东莞片区人口约4200万人[66],高于统计局公布的常住人口400万人。

发达国家人口变动情况表明,即便是城镇化进程进入稳定期,核心城市人口仍将继续增长。我国尚处于高速城镇化阶段,未来人口向核心城市快速聚集的趋势不可阻挡(表5-6)。但各城市规划确定的常住人口目标较目前仅有小幅度增长,违背了基本规律,势必加重公共服务短缺。

一线城市未来十年人口规划目标　　　　表5-6

城市	未来十年人口规划目标/增长
北京	2300万/130万
上海	2500万/80万

续表

城市	未来十年人口规划目标/增长
深圳	1480万/290万
广州	1550万/150万

数据来源：各市"十三五"规划。

造成上述情况的主要原因：一是，长期以来，公共服务对应的人口基数限制在户籍范围内，与城市实际居住人口不符。尽管目前已向常住人口改进，但部分城市思维仍未从根本上转变。二是，增加人口需要对应增加财政支出，在无新增财源的情况下，地方政府缺乏主观动力。三是，在高速城镇化过程中，人口流动性较大，政府统计数据存在失真。囿于维护之前公布数据的权威性，即便后续发现问题，也难以进行一次性纠偏，日积月累导致偏差越来越大。

5.2.4 缺少具有强制力的区域发展协调机构

我国城市群由市场自发形成，通过产业分工链条不断强化核心城市与周边城市之间的经济联系。但由政府负责提供的公共服务协调发展却相对滞后。特别是京津冀、长三角城市群，内部城市虽然地理位置毗邻，却分属不同省份管辖，财政资金管理相互独立。在高层级协调机构缺位的情况下，仅靠地方政府行政协商困难重重。这体现在多个方面，如基础设施建设缺乏统筹规划：各个城市交通建设各自为政，出现"断头路"等怪象。城市间交流仍以公路为主，城际轨道交通建设滞后，城市群内部未形成快速通道网络。城市间和城市内部的交通衔接不紧密，各类运输方式间欠缺衔接规划。各城市公积金、社保等缴纳水平差距大，异地互认互贷、异地结算存在困难。

5.2.5 地方财权、事权不匹配

1994年分税制改革后，与经济发展密切相关且增长性强的税种大都归属中央或者中央占较大比例。中央再通过各类转移支付方式返还给地方。但这些转移支付项目大多有用途规定，或要求配套。地方政府能够自主支配的资金不多。

研究表明,与财权受限对应的是地方事权不断加重。一是,在中央、地方政府的共有事权中,各级政府应当承担支出比例没有明确规定,导致执行中发生错位,实际上主要承担者是地方政府。如在全国义务教育经费支出中,地方实际承担了90%[①]。二是,对一些分税制改革之后出现的新事项,财政分担体制没有及时进行相应更新,导致地方政府支出责任进一步加重。三是,地方政府的支出受到中央政策的极大影响。"中央出政策,地方出钱"的现象屡屡发生。如调整工资的惠民政策,中央按统一口径算账,名义上给予75%以上的补助,但由于补助标准与实际调整额之间存在差距,转移支付补助不足,地方政府需要额外提供财政资金。

推进城市群基本公共服务均等化作为新出现的事权,如不通过财政、金融措施予以特别考虑,必然意味着地方财政支出的增长,加重其负担。地方政府实施的动力将极为有限。

5.3 政策与建议

1. 尽快解决人口数据失真问题

一是,对城市人口增长应当建立正确认识。对于已经存在的偏差,尽管暂时无法公开纠正,但在制定有关规划计划时,应当尽快纠正。二是,充分认识到核心城市、发达城市群对人口的聚集力。在判断未来人口目标时,应当尊重规律,科学确定。三是,完善人口统计和预测方法。除通过入户方式进行普查和抽查外,还可以结合公安、民政部门网格化管理数据,以及移动互联网、卫星和地理空间信息分析等技术进行辅助。四是,应以实际居住人口而非户籍人口为基数来配置公共服务。

2. 建立高层级的区域发展协调组织机构

一是,对于涉及多个省、直辖市的城市群,应建立高于省级的城市群协调发展机

---

① 国金证券研究所测算.

构；对于只涉及一个省份的城市群，应建立省级城市群协同发展机构。二是，强化城市之间的合作，推动城市群建立非行政化的协调机制。三是，明确协调组织机构的职能权限。包括规划计划的制定和监督实施，公共服务配置标准，各类社会保障及公积金异地划转、异地结算，条件成熟的可以考虑在城市群之间进行统筹。

3. 提升规划的作用

一是，制定并落实城市群发展规划，坚持一张蓝图干到底。目前国务院已经批复的城市群发展规划，规划期为5年，远期展望到未来15年。每年应根据当年实施工作情况进行更新微调。二是，理顺各类各级规划的从属关系，逐步推进经济社会发展规划、国土规划和城市规划"三规合一"，实现城市之间规划的对接和协同。

4. 加强城际交通建设

一是，要尽快形成多功能层次的城市群交通网络。特别是要提高轨道交通在公共交通中的地位。做好轨道交通与其他运输方式之间的衔接。二是，解决轨道交通及其他交通设施规划、建设与周边土地开发规划、建设分离的问题，做到统筹规划、统一设计和同步施工。三是，完善土地制度，推广项目一、二级一体化综合开发。鼓励存量土地权利人共同参与项目建设运营。

5. 促进教育均等化

一是，根据地区学龄人口数量，科学制定各级各类学校和教师的配置标准。同城市群各城市、同城各区间采取统一配置标准。加大基础教育投入，特别是增加对教育资源紧缺、薄弱地区的投资，避免优秀教育资源过度集中在部分区域。二是，鼓励不同学校之间实验室、体育馆等设施共享，教师跨校流动或学生跨校选课。三是，在城市群优先试点承认异地学籍。打破户籍限制，允许在本地初、高中段有完整学习经历的异地户籍学生就地参加中、高考，并与本地户籍考生享受同等录取政策。

6. 推进医疗体制改革

一是，公平配置医疗资源，核心城市与周边根据人口密度实行统一配置标准。新增三级医院应优先向非核心城市、非核心区域分配。二是，继续推进建立分级诊疗制度。

地区大型综合医院应与基层医疗机构建立良好的分工协作机制。综合运用医保、价格等手段，促进形成基层首诊、双向转诊的就医秩序。三是，提升基层医疗卫生服务能力，提高偏远地区医疗专业人员岗位津贴。

7. 保障地方政府事权、财权匹配

一是，在中央、地方财政分配制度改革之前，针对基本公共服务均等化这一新增事项，加大中央、省级转移支付力度。特别是对跨省城市群，中央应提升针对非户籍人口公共服务的保障补贴比重。二是，扩大融资渠道，允许地方城市政府针对基本公共服务事项发行信用债券。三是，创新机制，鼓励城市群建立金融信用分享机制，如进行互保，利用核心城市的融资优势为公共服务项目筹集资金，由分享城市共同偿还。

8. 鼓励民间资本投入公共设施建设

一是，鼓励民间资本投入公共设施建设。在城市群尽快推出负面清单制，鼓励民间投资进入公共服务供给领域。对非清单业务，禁止量体裁衣式的政府招标。明确政府违约的法律责任和赔偿机制，提升地方政府诚信意识和履约义务，保护民营资本方的合法权益。二是，尽快推出REITs，为基础设施和公共服务进行融资。REITs作为租赁住房、工业产业地产、基础设施等的主要融资渠道之一，能够通过资产自身现金流实现循环，不依靠土地财政和税收收入，不依赖房价上涨。建议参照国际做法，REITs将经营应税所得90%以上分配给投资者时，免征企业所得税；REITs经营中包含物业出租的，免征房产税；REITs发行过程中需新增缴纳的土地增值税、企业所得税、契税递延至转让给第三方时进行税务处理。为REITs设立单独备案通道，制定相应审核、发行规定；对租赁经营管理情况良好、市场认可的项目，允许发行无偿还（赎回）期限、无增信措施的产品，允许公募发行；允许公募基金依照《基金法》第七十三条第二款的规定，"国务院证券监督管理机构规定的其他证券及其衍生品种"，投资REITs产品。

第6章 REITs 对培育租赁市场的意义及发展路径探讨

本章作者：陈勇

自REITs在美国创立以来，REITs已在世界众多国家和地区开花结果。由于REITs特别适合作为投资并持续经营收益性物业的工具，REITs几乎已成为成熟市场的"标配"。借鉴国际经验发展REITs，对拓展租赁住房资金渠道，提高租赁住房管理和运营效率，解决"夹心层"住房问题，完善我国住房体系，促进房地产长期理性投资具有积极意义。本章节从简要回顾REITs的定义、发展概况、关键要素和特征等入手，讨论REITs对房地产市场特别是租赁市场的作用和意义，探讨我国发展REITs的可选模式，在此基础上从发展原则、发展路径和政策支持等方面提出建议。

作者简介

剑桥大学博士，房地产金融专业，国家注册城乡规划师。现任职于住房城乡建设部房地产行业主管部门。长期在规划国土房地产领域工作，具有丰富的基层工作经验。研究兴趣主要为房地产金融、物业管理、城市规划。

6.1　REITs概述

6.1.1　REITs定义

　　REITs是房地产投资信托基金英文全称（Real Estate Investment Trusts）的缩写。受不同法律制度和资本市场的影响，各国和地区对REITs的定义并不完全相同。国际上最具影响力的REITs行业组织——全美房地产投资信托协会（NAREIT）的定义为：REITs是指持有并经营房地产或为收益型房地产提供融资的公司。通过采取共同基金架构，REITs给投资者带来稳定的现金流、多样化收益和长期资本增值。REITs一般派发全部或大部分应税收入给股东，股息收入由股东负责缴纳所得税。香港联交所的定义为：REITs是集体投资计划的一种，透过集中投资于可带来收入的香港和海外房地产项目，以争取为投资者提供定期收入。REITs大部分甚或全部除税后净收益会以股息形式定期派发予投资者。

　　综合来看，REITs是以集合社会资金投资于房地产或房地产抵押贷款并获得相关收入为主要目的的信托、基金或公司。REITs通过自行管理或委托第三方管理房地产资产组合，其收益主要来源于租金、利息或与物业服务相关的收入。REITs需满足股东构成、资产持有类型、经营活动限制、负债比例、收入分配等一系列约束条件，才可以被视为"税收透明体"或享受相应的税收优惠政策。

6.1.2　REITs发展概况

　　REITs这一概念产生于19世纪80年代的美国。近一个世纪后，1960年美国国会通过《税收改革法案1960》，赋予REITs与共同基金同等纳税待遇，标志着现代REITs的开端。20世纪80~90年代，美国国会先后通过三个与REITs有关的法案[①]，放宽了对REITs相关的要求，随后，REITs的数量和市值规模都得到了极大地发展（图6-1）。

　　2000年后，REITs逐渐在亚洲地区获得认可和接受，日本、新加坡、中国香港地区、

---

① 三个法案分别是1986年《税收改革法》、1997年《纳税人救济法》和1999年《REITs现代化法》。

图6-1 美国历年REITs的数量和市值规模

中国台湾、韩国、马来西亚和泰国等国家和地区先后引入了REITs。REITs已成为全球范围内备受欢迎的房地产投资工具。根据NAREIT统计，截至2015年8月，共有33个国家和地区建立了REITs市场，其中包括西方工业七国（G7）的所有成员国。目前，美国REITs市场规模第一，其他较大的REITs市场还有澳大利亚、英国、日本等。

值得注意的是，各国和地区是在不同的经济和市场环境背景下引入REITs，引入目的也不尽相同，大致可分为三类：第一类是通过REITs降低房地产投资的资金门槛，扩大房地产投资者范围，特别是使小型机构投资者和个人能有机会投资房地产并获得房地产投资回报。美国和澳大利亚等属于这一类型。第二类是借助REITs来促进企业资产重组，包括房地产企业和持有大量房地产资产的非房地产企业，来达到刺激房地产市场的目的。特别是在发生房地产金融危机的情况下，此类目的的重要性更加突出。日本和韩国等可归于这一类型。第三类是将发展REITs市场作为促进经济发展的重要组成部分，特别是致力于将本国或本地区建成所在地区甚至是全球的金融中心。新加坡和中国香港地区属于这一类。英国在2007年引入REITs，很大程度上也是迫于当时欧洲大陆各国特别是法国和德国发展REITs的压力，对伦敦金融中心的地位构成了潜在挑战，从这个意义上说，英国也可归于第三类。

6.1.3 REITs关键要素

1. 立法方式

各国和地区在引入REITs时，均将立法工作置于首位，一般顺序是先通过广泛咨询和深入研究来设立REITs的法律制度框架，再发展REITs市场。在实践中，REITs立法形式各异，有制订特别法律的，如日本、韩国；有在税法或金融法中对REITs做出相关规定的，如美国、澳大利亚、英国等；有制订专门规则、指引和守则的，如中国香港地区。制订REITs法律和规则的机构既有立法机构，如美国国会等；也有金融主管部门，如英国财政部、新加坡金融管理局等；还有证券监管机构，如香港证监会等。

在REITs立法过程中，一方面要考虑给予投资者充分保护，另一方面又要有助于REITs的竞争力和长期发展。各国和地区基于本地法律制度和资本市场状况，在REITs立法中力争取得两者之间的平衡。

2. 组织形式

从各国和地区已建立的REITs制度来看，REITs的组织形式多样，主要为契约型或公司型，实践中可采用信托、基金或公司的组织架构。一些国家和地区明确规定了REITs的组织形式，如中国香港地区规定REITs必须采用契约型，英国REITs则为公司型。美国和新加坡等国的规定则相对灵活，REITs可以自行选择组织形式，前提是在资产持有、收入来源、利润分配和投资者构成等方面满足有关法规的要求。

从成熟市场的经验来看，REITs属于被动型投资工具，其运营活动受到严格限制。近年来，对REITs的限制总体上趋于灵活，REITs从纯粹地房地产资产持有工具转变得更加积极参与经营活动，一些国家和地区甚至允许REITs有限度地参与房地产开发活动，以期提升其收益水平和所持资产价值。

3. 主要约束条件

REITs满足有关约束条件是获得REITs法定地位和相应税收待遇的前提。为此，各国和地区都对REITs的要求做出了详细的规定。一些主要约束条件，如资产负债、收入来源、分配比例、股东构成、上市安排等，各国和地区的规则大体相近，仅在比例方面略有差异。

1）资产负债

REITs一般要求所持资产75%以上为房地产或房地产相关资产，在资产持有最低期限和从事房地产开发活动方面均有严格限制，以避免REITs介入风险较高的房地产交易和开发活动。REITs法定负债率一般规定在45%以下，而在实践中，REITs倾向于更低的负债率。为促进REITs发展，一些国家和地区在修订有关法律规定时，对负债率上限和从事房地产开发活动的限制均有所放松。

2）收入来源

REITs收入来源严格限定于房地产领域，一般要求其总收入中的90%以上须为租金、利息及相关收入。

3）分配比例

REITs收入分配比例有严格要求，一般规定REITs应税收入的90%以上须派发给投资人。REITs的高分配比例使其能最大限度地贴合投资人直接持有经营性房地产的效果。

4）股东构成

为保护中小投资者权益，防止少数股东控制REITs情况的发生。REITs的最低股东数和股东持股比例上限均有严格要求。如美国规定REITs股东数不得少于100人，5人或以下的股东累计持股数不得超过该REITs股份总数的50%，即所谓的"5/50规则"。1997年该条限制有所放宽，法律规定单个养老基金作为REITs投资人不再被视为一人，而是以该养老基金份额持有人数来计算。

5）上市安排

绝大部分国家和地区明确要求REITs公开挂牌上市，股份可以自由交易。美国规定REITs可自由选择是否上市，但大部分REITs选择公开上市交易。

4. 税收待遇

如果在主要约束条件上的要求获得满足，REITs主体一般被视为"税收透明体（Pass-through Entity）"，即在REITs层面，其应税收入无须纳税，而是在应税收入派发之后，由REITs投资人根据各自的税率自行纳税。

6.1.4 REITs特征

1. 收益风险特征

一般而言，与房价相比，租金水平受短期经济波动的影响相对较小，特别是一些国家和地区的租赁市场在实践中采用长期租约，且在租约签订时即对整个租期的租金水平和调整方法做出明确规定，如英国物业租约租期普遍较长，租金一般五年调整一次，由此，REITs能获得较长期稳定的现金流。除租金收入外，REITs还可享有所持物业的增值收益。因此，其收益水平一般高于债券等固定收益类产品。

REITs所持资产主要为房地产或房地产相关资产，房地产交易和开发活动被严格限制或禁止。REITs负债率受到上限制约，避免高负债可能导致的强制偿还风险和资金链断裂风险。由于REITs持有的主要为经营性房地产，租金收入相对稳定，经营和负债风险受到控制，其风险一般低于房地产公司股票和非REITs类的房地产持有经营类公司股票。但由于REITs上市交易，其股价会随着市场状况而波动，且租金收入水平会受到宏观经济形势和管理人经营能力的影响，其风险一般高于债券等固定收益类产品。总体而言，REITs的风险一般介于债券与股票之间（图6-2）。

2. 相关性（Correlation）

资产类别相关性反映了不同资产类别间的投资组合可能获取的组合收益。美国、日

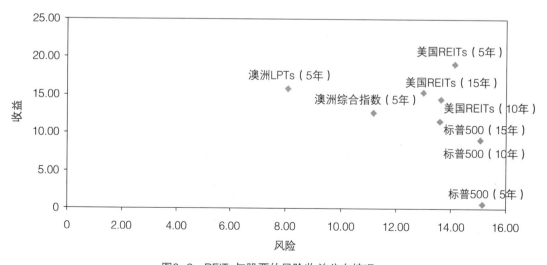

图6-2 REITs与股票的风险收益分布情况

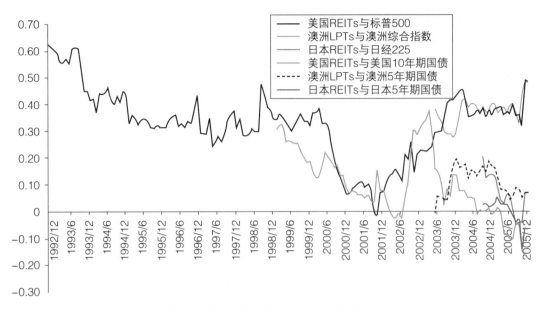

图6-3 REITs与股票和政府债券的相关系数

本和澳大利亚市场表明，REITs与普通股票间的相关性较低，平均相关系数在0.064到0.374之间，而REITs与政府债券之间的相关性更低，在美国和日本两个市场中的相关系数甚至为负（图6-3）。这表明，通过在包含普通股票和政府债券的投资组合中加入REITs，可获得多样化收益（Diversification Benefits）。

6.2 REITs对房地产市场的意义

REITs对作为房地产市场需求方的投资者和供应方的房地产企业，特别是对培育租赁市场具有以下作用和意义。

6.2.1 对需求方

对处于需求端的投资者而言，投资REITs可获得以下几方面的利益：

一是获得投资房地产的有效渠道。直接投资房地产对资金的要求很高，超过大多数个人投资者和小型机构投资者的承受范围，且一般投资者受制于专业水平和管理能力，投资房地产的效率不高。房地产因流动性不足，管理要求高，难以获得投资评级，大多数情况下法律明确禁止共同基金、养老基金等机构投资者直接持有房地产资产。REITs可作为房地产资产证券化的有效工具，其权益份额标准化且可上市交易，成为投资房地产的理想渠道。

二是回报相对稳定。REITs被严格限定于持有房地产及相关资产，通过专业团队运营管理，绝大部分收入必须按要求分配给投资者。投资REITs有机会获取较稳定的租金和利息收入回报。

三是投资风险较低。REITs需要满足诸多约束条件，信息披露规范，经营风险较低，投资者受到的保护较为充分，投资风险相对可控。

四是REITs与股票和债券之间的相关性较低，将REITs纳入投资组合，可获得多样化收益。

五是可享有税收优惠。REITs一般被视为"税收透明体"，其税收待遇避免了双重税收。

6.2.2 对供应方

对处于供应端的房地产企业或持有大量房地产资产的企业，REITs可带来以下几方面的好处：

一是拓宽融资渠道。房地产企业融资大部分直接或间接来源于银行贷款，融资渠道较少，特别是长期资金缺乏。REITs作为集合社会闲散资金投资房地产的工具，可成为房地产融资特别是长期融资的替代渠道。

二是有利于改善企业经营状况。房地产企业或有关企业可将REITs作为资产重组的工具，将所持房地产资产变现，从而改善资产负债结构。研究表明，国外房地产上市企业资产普遍存在低估现象，转变为REITs后资产整体估值水平显著提升。

三是有助于企业战略转型。在互联网时代，房地产企业的发展趋势是从重资产持有型向轻资产专业服务型转变。房地产企业不再投资开发或持有房地产资产，转而通过输出品牌、管理团队和服务的方式来获得发展。通过REITs将所持房地产资产上市，有助于房地产企业顺利实现转型。

6.2.3 对培育租赁市场

REITs对培育租赁市场具有以下几方面的意义：

一是资金筹集的需要。租赁市场的发展特别是公租房建设，仅靠政府投入远远不够，离不开社会资金的参与。REITs出现之初的目的就在于集合机构和个人投资者的资金，投资于收益型物业，并获得以租金收入为主的投资收益。REITs约束较为严格，信息披露规范，专业化运营管理，作为房地产投资较理想的渠道，对社会资本具有吸引力。为此，REITs可成为房地产资金特别是长期资金的来源渠道，且其投入方向也符合发展租赁市场的目标。

二是搞活市场的需要。REITs将所筹集的资金收购住房并出租经营，有助于消化住房市场库存，盘活存量住房并加以有效利用，从而提高资源利用效率和住房租赁市场的活力。

三是规范市场的需要。通过专业化的住房租赁运营管理，改变目前住房租赁市场小、散的局面，有利于规范租赁市场，保障租赁各方的合法权益。REITs对收益率的要求将倒逼经营管理和物业服务质量的提高，为房地产提供更高的附加值，有助于改变我国房地产重售不重租的状况，加快专业租赁机构的培育和发展。

四是引导住房消费和投资理念的需要。REITs通过专业化管理，为市场提供优质的租赁住房，作为满足住房需求、实现"居有其所"的替代选择，有助于改变以买房为主的住房消费理念。REITs为投资者提供合理的投资回报，作为投资房地产的有效途径，促使投机性炒房转向长期投资房地产，引导房地产投资理念的转变，有利于房地产市场的平稳健康发展。

总之，REITs有助于解决发展租赁市场所需的资金，搞活和规范租赁市场，培育租赁机构，符合现阶段我国发展租赁市场的需要。REITs也有利于我国房地产市场和房地产金融的发展。

6.3 REITs发展模式探讨

现阶段，我国可供REITs公开交易的市场主要有两类，即银行间债券市场和证券交易市场。不同交易市场的选择意味着不同的REITs发展模式。

6.3.1 银行间REITs模式

按照交易平台的要求,银行间REITs为债券型[①],即REITs不实际持有物业,而是将目标物业的租金收益权分割成标准份额的收益凭证,投资者购买收益凭证并以此获得派发的租金收益。

6.3.2 交易所REITs模式

交易所REITs主体可采用基金或公司架构。交易所REITs通过发行募集资金,收购物业组成资产池,获取租金及相关收入,并将收入派发给投资者。

6.3.3 两类模式比较

1. 适用法律

在现行法律架构下,银行间REITs的发行主体为信托,交易平台为银行间债券市场,适用的法律法规主要为《信托法》和银行间债券市场收益凭证发行和交易的相关法律规定等。交易所REITs的发行主体为基金或公司,交易平台为证券交易市场,适用的法律法规主要为《基金法》《公司法》以及基金份额或公司股份公开募集和信息披露的相关法律规定等。

2. 监管机构

由于发行主体和交易平台不同,两者所涉及的监管机构也有所不同。银行间REITs的监管机构主要为人民银行和银监会,交易所REITs的监管机构主要为证监会。此外,两者在房地产权利登记和税收等方面涉及其他共同的监管机构。

---

① 债券型REITs不同于抵押型REITs。抵押型REITs通过发放抵押贷款或购买抵押贷款资产获取利息收入。

3. 资产类别

银行间REITs和交易所基金型REITs份额在资产类别中属于债券，本质上是针对发行人的一种长期抵押贷款，抵押品为目标物业的租金收益权或目标公司的股权，定期派发的租金收益为分期付息，到期一次性回购还本。交易所公司型REITs股份在资产类别中属于权益，无固定期限，发行人无须回购。

4. 物业所有权

银行间REITs不持有物业，仅拥有物业的收益权，REITs设立和终止不涉及物业所有权转移。交易所REITs拥有物业的所有权和收益权，如果收购的标的是物业而不是公司股权，REITs设立时将涉及物业所有权转移。

5. 管理方式

银行间REITs不持有物业，也不参与物业的经营管理，属于被动式管理。交易所REITs可分为外部管理和内部管理，外部管理由REITs委托第三方经营管理物业，属于被动式管理，而内部管理则由REITs自行经营管理物业，属于主动式管理。

6. 收益方式

银行间REITs收益依靠定期派发的租金收入。交易所REITs除派发的租金和相关物业服务收入外，还可获得物业升值所带来的收益。

7. 参与对象

银行间REITs的投资人均为机构投资者，需取得银行间交易会员资格，门槛相对较高，参与范围较小。交易所REITs的投资人可以是机构、个人以及法律法规允许参与证券交易的境外投资机构和个人。

8. 风险

银行间REITs架构相对简单，优先受偿顺序在贷款之后股权之前，风险相对较小。交易所REITs收益除受租金水平影响外，还受物业估值等影响，风险相对高于银行间REITs。

6.4 发展路径建议

6.4.1 发展原则

根据我国现有法律制度和资本市场发展的实际情况，结合租赁市场发展的需要，发展REITs应遵循以下原则：

一是先易后难。即发展初期不将追求最佳REITs模式作为首要目标，而以满足租赁市场发展需要为优先考虑，从相对较容易的路径入手。

二是先试点后推广。REITs虽在国外有较多的发展经验，但对我国资本市场和房地产市场而言属于新生事物，对其中的规律和风险在发展初期难以全面把握，宜选择条件较好的地区和风险较小的项目先行试点，待取得一定经验后再推广。

三是先近后远。即先着眼于满足近期需要，如公租房建设资金筹集等，再考虑远期需要，如促进房地产市场和房地产金融发展等。

四是先实践再立法。即先在现有法律框架下试行可操作的REITs模式，其意义在于破冰，待时机成熟后再着手建立和完善相应的法律法规和制度。

五是先保障再市场。制订政策特别是有关优惠政策支持REITs发展时，先着眼于具有公共品属性的公租房，再考虑政府鼓励的租赁住房类型，如人才公寓、园区配套租赁住房等，最后再扩展到商品房租赁和其他经营性房地产。当然，这一顺序并不是绝对的，如果某些房地产项目设立REITs的条件更成熟，也可适当优先发展。

6.4.2 发展路径

1. 路径一：银行间REITs，信托架构

发行人选择合适物业组成资产池，设立相应的租金收入权，测算未来一定时期内的租金收入情况，选择合理的收益率，根据预期租金收入水平和合理收益率确定REITs规模和份额，面向合格机构投资者发行，在银行间市场上市交易。

2. 路径二：交易所REITs，基金架构

发行人选择持有合适物业的目标公司，对物业进行估值，根据物业估值和资产负债情况确定目标公司的股权对价，签订股权收购意向协议，设立REITs筹集资金，在约定期限内完成目标公司股权收购，在证券市场上市交易。

3. 路径三：交易所REITs，公司架构

发行人选择目标物业，对物业进行估值并签订收购意向协议，设立REITs筹集资金，在约定期限内完成目标物业收购，在证券市场上市交易。除直接收购物业外，还可以考虑采用UPREITs结构，即REITs收购持有物业的目标公司股权，通过目标公司来持有物业。

6.4.3 发展路径利弊分析

1. 路径一

（1）有利方面：一是没有明显的法律障碍，可在现有法律框架下实现；二是抵押品为物业收益权，不涉及物业所有权转移，避免房地产转让税费问题；三是REITs的主体为信托，按照现有法律规定，REITs层面无税收负担；四是收益来源清晰，风险较低；五是REITs架构相对简单。

（2）不利方面：一是筹集资金可能不足。对于公租房而言，由于公租房的租金收益率相对较低，如果没有提高收益率的附加措施，公租房REITs的估值可能低于公租房建设的实际投入，出现REITs发行所筹集资金不足以覆盖公租房建设费用的情况。二是需到期还本。REITs到期后，发行人将面临回购还本压力。三是不具有可持续性。REITs规模不能扩展，每只REITs只针对特定的目标物业，如果公租房有新的融资需求，只能通过重新设立REITs来解决。四是对目标物业的控制力不足，且未实现与原始权益人的风险隔离。五是投资人限制。参与对象仅限于具备银行间债券市场交易会员资格的机构投资者。

2. 路径二

（1）有利方面：一是没有明显的法律障碍，与路径一类似，可在现有法律框架下

实现；二是REITs收购标的为股权，不涉及物业所有权转移，避免房地产转让税费问题；三是REITs的主体为基金，按照现有法律规定，REITs层面无税收负担；四是通过持有目标公司股权实现对物业的控制，且能实现与原始权益人的风险隔离；五是投资者可分享物业的增值收益；六是参与对象范围较广，机构和个人投资者均可参与。

（2）不利方面：一是对目标公司的要求较高。此模式要求目标公司以持有目标物业作为唯一的设立目的，且目标公司的经营活动仅限于持有和管理目标物业，既有公司的非相关资产剥离难度较大，一般适用于为实现上述目的的新设立公司。二是基金结构制约。由于持有的基础资产为物业，流动性较差，基金一般采用封闭式结构，或者至少在持有目标公司股权期间采用封闭式结构，以避免大额赎回引发流动性风险。三是需到期还本。REITs到期后，发行人将面临回购还本压力。四是不具有可持续性。REITs在存续期内难以扩大规模。

3. 路径三

（1）有利方面：一是公司型REITs为成熟市场的主流模式。从成熟市场经验来看，公司型REITs相比前两类REITs更具生命力。二是REITs可自行管理，消除由第三方管理所产生的委托代理问题。三是对目标物业控制力强，且能实现与原始权益人的风险隔离。四是具有可持续性。公司型REITs无固定期限，无须回购还本，可长期经营。REITs规模可扩展，可通过增发来筹集资金收购新的物业，并可在满足约束条件下对所持物业进行优化调整，保持REITs的竞争力和对投资者的吸引力。五是REITs可适当负债，更适应资产调整的需要。六是投资人范围较广。

（2）不利方面：一是按照现有法律规定，REITs主体需承担企业所得税等税费，产生双重税收问题。二是物业所有权转移涉及房地产转让税费，将显著增加REITs成本。如果采用UPREITs结构，虽然可避免物业所有权转移所产生的房地产转让税费，但REITs主体和目标公司均需承担相应税费，从而增加运营成本。三是由于REITs结构相对复杂，将导致管理成本增加。四是面临较多的法律障碍，公司型REITs的实现，需要建立REITs法律地位和约束条件、税收等方面的相应配套法律法规。

总之，路径一、二无需对现有法律框架和监管规则进行调整，在法律上不存在明显障碍，建议同步试行，由发行人根据监管机构的支持态度和自身需要来选择具体的实施路径。路径三属于长期发展趋势，但需要对现有法律法规进行调整和完善，并对

REITs进行专门立法，可在总结路径一和路径二实践经验的基础上先探索立法途径，再逐步推进。

6.4.4 政策支持

REITs被市场接受的关键是能提供合理的收益率。提高收益率的措施可分为降低成本和提高收入两大类。受地价、建安成本等因素影响，降低成本的空间相对较小，商业地产主要通过提升物业质量和服务水平、优化租户结构等方式来提升收入水平。与市场化租赁住房不同，公租房为满足特定群体的基本居住需求，具有公共品的属性，租户选择和租金确定无法完全按照市场规律实施，仅靠租金收入难以达到市场满意的收益率水平。发展公租房是政府的责任所在，理应给予专注于公租房的REITs一定的政策支持，具体可包括规划、补贴和税收优惠等方面。

1. 规划政策

规划政策的支持主要体现在两点：一是项目选址，即公租房项目尽量选址在区位地段较好的地块，一方面能为租住者提供较好的居住环境，另一方面有利于获得较高的租金收益。二是项目配套，即给予公租房项目适当比例的商业配套，一方面为租住者提供生活便利，另一方面除住房租金之外，给公租房项目带来商业租金收益，从而提高项目整体的收益率。香港地区的公屋租赁每年亏损约9亿港元，但配套商业盈利40多亿港元，借助配套商业盈余实现了公屋租赁的可持续运营，香港地区的公屋租赁运营经验值得借鉴。

2. 补贴政策

补贴政策的目的在于弥补公租房REITs的实际收益率与合理收益率之间的差距。例如，假设某公租房REITs仅依靠租金收入，能实现的收益率约为4%[①]，而市场预期的收益率为6%，两者相差2个百分点，如果不能通过补贴等方式提高收益率，该REITs将会

---

① 各地公租房项目的租金收益率相差较大。据测算，在不考虑税收的情况下，北京市一个公租房项目的租金收益率约为6%，昆明市两个公租房项目租金收益率分别仅为2.6%和1.5%。

遭到市场的冷遇。

实施补贴可考虑以下几种模式：一是直接补贴模式，即通过财政直接补贴公租房REITs实际收益与预期的合理收益之间的差额；二是保证金账户模式，即在公租房REITs发行时，财政同步设立保证金账户并存入一定的保证金，在实际收益率未达预期时，从保证金账户中支付差额，但最高不超过保证金账户资金余额；三是基金模式，即将各级政府原本直接投入公租房建设的财政资金设立公租房公益基金，将基金收益用于补贴公租房REITs，补贴额不高于实际收益与合理收益的差额，并且不超过基金当年的收益总额。前两种补贴模式所需财政资金相对较少，但每年均需考虑补贴；第三种模式前期财政投入较多，但可保有财政投入本金，且不需要每年再拿出财政资金补贴。此外，由于公司型REITs允许存在一定杠杆，可考虑采用贴息贷款的方式补贴，以提高REITs的收益率。

3. 税收政策

一是给予REITs主体税收待遇。设定REITs税收待遇的原则是不高于投资者直接持有物业的税负，如此才可能实现吸纳社会闲散资金投资房地产的初衷。因此，可借鉴成熟市场的做法，将符合要求的REITs视为"税收透明体"，在REITs主体层面免税，避免双重征税。

二是针对公租房REITs，出台政策使之可以享受公租房现行的营业税、房产税等税收减免优惠政策，对公租房项目中的商业配套租金收入适当给予税收优惠。

三是结合房地产税改革，调整房地产交易和保有税负比例，适当减轻交易环节税负，从而缓解房地产转让税费因素对REITs发展的不利影响。

6.5 本章小结

总之，政策支持的目的在于缩小REITs特别是公租房REITs收益率与合理收益率差距，降低营运成本，促进REITs在我国的发展。REITs制度的建立和发展，有助于拓宽机构和个人长期理性投资房地产的渠道，促进住房租赁市场发展，完善租购并举的住房体系。

第7章 供需错配：土地供给对城市房价的影响

本章作者：韩立彬　陆铭

> 2003年以来，中国的房价经历了快速的上涨。本章从土地的空间配置政策视角出发，研究了2003年后土地供给倾向于中西部的政策转变对于城市房价上涨的影响。我们发现，2003年以后土地供给相对受到限制的城市以沿海地区和内地的大城市为主，而这些城市恰恰是人口流入地。2003~2013年间，与土地供给相对增加的城市相比，土地供给相对减少的城市的房价平均要高10.6%，而且仅仅在土地供给相对减少的组别出现了房价—工资比率的上升。本章的研究表明，当前不同城市之间房价的分化，根源在于土地供给在空间上与土地需求不匹配。未来，房地产市场健康平稳发展的长效机制应该增加住房需求较大地区的土地供给，减少土地供给在空间上的扭曲。

作者简介

韩立彬，东北财经大学副教授。

陆铭，复旦大学经济学博士。上海交通大学安泰经济与管理学院特聘教授、博士生导师，中国发展研究院执行院长、中国城市治理研究院研究员、上海国际金融与经济研究院研究员。曾作为富布莱特学者工作于美国哈佛大学和国家经济研究局（NBER），作为兼职（客座）研究员受聘于复旦大学、新加坡管理大学、东北财经大学等国内外高校。学术畅销书《大国大城》的作者。

7.1 研究背景

近年来中国的房价经历了较快的上涨，迫切需要建立房地产市场健康平稳发展的长效机制。根据国家统计局数据，商品房平均销售价格从2000年的2112元/m²，上涨到2014年的6324元/m²，15年间房价上涨了近2倍。特别是北京、上海、广州、深圳四个一线城市，房价上涨得更快，在2003~2013年期间，四个地区的房价年平均上涨超过13.1%。2016年以来一线和二线城市的房价更是经历了快速的上涨。与房价的快速上涨不同的是，自2008年金融危机以后，中国的经济发展速度开始进入中低速增长。一边是快速上涨的房价，一边是经济增长速度的放缓，这引起对于房价泡沫的担忧。但是，对于中国的房价是否存在泡沫这一问题，尚难定论。

中国的房价在呈现整体快速上涨趋势的同时，在不同的区域之间也开始出现分化。面对房价的快速上涨，从中央到地方，出台了一系列的房地产调控措施，试图遏制房价的快速上涨，自2003年来几乎每一年都要出台调控房地产市场发展的政策。从这些政策看，主要是从限制需求端入手，以限购限价和限制住房信贷为主。从政策实施的效果看，以控制需求为主的房地产调控措施难以起到抑制城市房价上涨的作用。特别是对一些大城市，在房地产调控的政策下，增量的土地供给进一步减少，更增加了房价上涨预期。

通常在市场经济之下，如果房价快速上升，土地供给一定会相应增加，以满足更多的需求，同时，供应增加可以使房价上升趋势在一定程度上得到遏制。即使是在政府控制土地供给的中国香港地区，政府也是在房价上涨更快的时候相应增加土地供给[①]。相比之下，对于中国房价的调控，政府往往侧重从限制需求入手，而忽视增加住房需求较大的地区的土地供给。特别是2003年以后，中西部地区等人口流出比较多的地区土地供给占比持续上升，而东部沿海地区吸纳人口较多的地区的土地供给占比不断下降（图7-1）。

在这一土地供给趋势下，房地产调控的策略仍然是以限制需求为主。尽管中央在房地产调控中也强调增加部分房价上涨较快城市的住房土地供给，但是实际上高房价地区

---

① 《施政报告》中指出香港地区在2012~2013至2016~2017年这五个财政年度，政府卖出的土地可兴建约51100个单位，比前五个财政年度增加超过一倍。参见：https://www.policyaddress.gov.hk/2017/index.html。

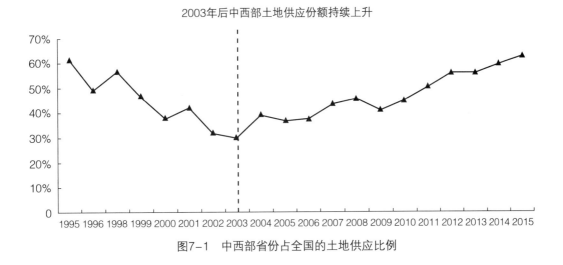

图7-1 中西部省份占全国的土地供应比例

的土地供给仍然远滞后于需求的增长。2003年后,总体上土地供给增量的空间分布甚至与人口流动的空间分布方向相反。

在中西部如此多的土地供给情况下,政府为了合理配置土地资源,制定了很多工业产业园区的兴建计划,但却忽视了产业发展是先决于地理区位条件的,结果导致中国今天的工业产业园区建设遍地开花,但是很多中西部的工业园区并未形成良好的规模效应。另外,中西部地区的政府部门为了消化土地资源,大量地规划新城区,导致土地城市化快于人口城市化。按照国家发展改革委公布的数据,将近3000个广义的新城,规划的面积超过10万km^2,其中,545个狭义的新城,规划面积达6.9万km^2。根据统计数据,我国新城平均规划的面积超过100km^2,平均规划的人口是42万,这在欧美国家已经是大城市了,而在中国,显然对于部分地区,如东北、西北本地人口呈现负增长的态势,规划好的新城很容易就成为一座无人居住和使用的空城(表7-1)。

表7-1 部分新建城区的数据

	城市	数值	城市	数值	数值
	最大		最小		均值
新城个数	成都	14		1	2.5
规划面积(km²)	南京江北新区	2450	白山金英新区	0.78	114.8

续表

城市	数值	城市	数值	数值
最大		最小		均值
规划人口（万）	成都天府新区	5800–6300	十堰东城新区	32	42.5
规划密度（人/km²）	长沙滨江新城	52000 350000/6.7	七台河金沙新区	246 120000/487	8090
新主城距离（km）	>100（新城到市区）		<2		25

同时，发现新城建设使得地方政府出现了不同程度的负债情况。从2008年开始，新城规划面积与地方债务情况都较之前相比增长了一倍，而到了2013年之后，这样的增速出现了下降。说明在这短暂的五六年期间，中国的地方政府不但用掉了未来几年的建设用地指标，同时也透支了未来的财政收入（图7-2）。

中国土地供给政策在空间上的转折对房价的上涨产生了什么样的影响？对于不同区域的房价分化造成了多大的影响？这是本章要回答的核心问题。本章利用2003年后土地供给在空间上的分布转折作为准自然实验，检验了土地供给政策对于房价上涨的影响。本章的实证研究发现，2003年以后倾向内地的土地供给政策，是导致城市间房价

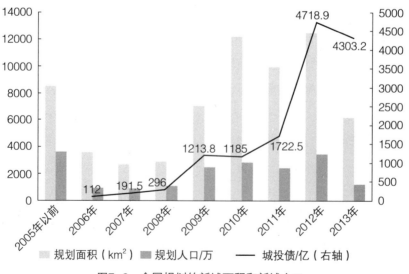

图7-2 全国规划的新城面积和新城人口

出现分化的重要原因。相比于土地供给占全国份额增加的地区而言，一些大城市和沿海地区的城市土地供给占比不断下降，房价上涨得更快。

7.2 政策背景、数据和识别研究

7.2.1 政策背景

在供给端，决定房价的主要因素是土地供给弹性。而决定土地供给弹性的因素主要可以分为两类：一类是自然地理条件（坡度、地形、河流等）因素，另一类则可以归结为土地政策因素。本章研究的核心是基于过去十几年中国的土地政策变化。同自然地理条件对土地供给弹性的影响不同，土地政策如果存在扭曲，则其对土地供给弹性的影响是供需错配的结果，由此导致的房价变动则是由于土地政策的扭曲造成的。

上述的判断依赖于过去的中国土地政策是否真的存在扭曲，特别是在2003年后是否发生了明显的转折？因此，本小节将重点阐释我国的土地供给管理制度和2003年后土地供给的政策变化。

一直以来，中国实施严格的建设用地指标管理。在宏观层面，形成了以土地利用总体规划为约束，以年度土地利用计划、基本农田保护为主要内容的管理体系。这些政策的核心特点是土地供给的计划指标管理。土地利用总体规划对于各省在规划期间内的建设用地总规模都做了明确的分配，同时要求各省和各地区都要编制土地利用总体规划，确定规划期内的土地利用分配方案。每一年中央还会发布土地利用年度计划，分配当年的各省建设用地指标，要求不能突破土地利用指标。每一年的新增建设用地指标由中央计划指标式分配到省，再由省分配给地方，而且建设用地指标无法跨市进行交易，导致用地指标紧张地区和用地指标富裕地区并存。

在从严的管理趋势和体系下，从2003年开始，土地资源的配置方向出现了重大的转折。2003年至今的土地管理政策侧重于以土地资源的配置促进经济发展，以2003年清理整顿开发区为起点，中央不断加强对于土地的宏观调控。2004年中央明确提出要加强土地参与宏观调控的能力，建设用地指标成为国家支持经济发展落后地区的重要手段。此后制定了一系列政策文件加强了土地参与宏观调控的职能[①]。依从于中央平衡区域发展的战略和利用土地参与宏观调控的思想,在2003年以后,一些经济发展较快的地区土地资源的分配开始出现收紧。从数据上看,将城市分为2003年后土地供给收紧的组别(土地供给占全国比重比2003年之前下降)和土地供给放松的组别(土地供给占全国比重比2003年之前上升)。对比两个组别在2000~2013年的土地出让数据可以看出,对于收紧组别而言,其土地供给占比自2003年开始出现了快速的下降。土地放松地区土地供给占比在2003年以前低于土地收紧地区6~11个百分点,自2003年后逐渐超越土地收紧地区,到2013年土地供给放松地区的土地供给份额已经比土地出让收紧地区高出43个百分点(图7-3)。

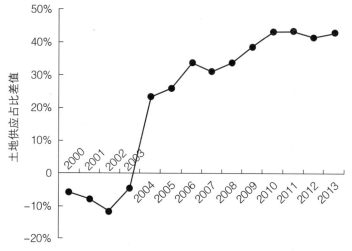

图7-3　土地供给收紧与放松地区土地供给占全国份额之差
(数据来源:2001~2014年《中国国土资源统计年鉴》,中国大地出版社及作者计算)

而这些土地供给收紧的城市主要是沿海城市和内地的大城市。如果从人口流动情况看,这些城市是在近年来不断吸引人口流入的城市。纵观整个2003年后的土地配置可以看出,"支持中西部、限制大城市",成为土地资源配置的重要方向。具体讲,2003

---

① 这些文件主要有:《关于深化改革严格土地管理的决定》(国发〔2004〕28号文);《关于加强土地宏观调控有关问题的通知》(国发〔2006〕31号文)。《关于促进节约集约用地的通知》(国发〔2008〕3号文)。2004年、2006年、2016年先后三次修改《土地利用年度计划管理办法》,强化土地利用年度指标的管理。

年至今的土地供给有两个方面的特点：

第一，土地供给由重视沿海到向内地倾斜（陆铭、张航、梁文泉，2015）。从建设用地指标看，内地的土地供给面积占比从2003年的不足30%，上升到2014年的60%。从政策趋势看，未来这种向内地增加土地资源配置的趋势并没有改变。在最新调整的《全国土地利用总体规划纲要2006—2020》中，对部分地区的建设用地指标进行了调整，但是新增的建设用地指标中仍然有65%被配置到了中西部地区[1]。根据2014年的《国家新型城镇化规划（2014—2020）》和2016年国土资源部公布的《国土资源"十三五"规划纲要》以及2017年国土资源部发布的《全国国土规划纲要（2016—2030）》，这些涉及土地利用的主要规划中都明确指出要加大对于中西部地区的土地供给支持。

第二，倾向中小城市和城镇的土地供给政策。一直以来，在城市发展政策上，控制大城市规模、合理发展中等城市，积极发展小城市的方针一直贯穿于国民经济计划的始终。相应的，则在政策上限制对大城市的建设用地供应[2]。近年来，对于这一政策实施贯彻越来越严格。从数据上看，在2002年，中小城市建成区面积占全国建成区面积的49%，到2013年这一占比已经提高到64%，年均提高1.25个百分点[3]。根据2015年全国城镇土地利用数据总成果分析报告的数据显示[4]，2009~2014年，全国城市土地面积增幅为17.7%，低于建制镇增幅9.1个百分点。这意味着更多的土地被"星罗棋布"地分配到全国各地，而没有集中地投入有效率的地区。

2003年以后，土地供给政策倾向在上述两个方面的转变，导致土地资源的配置方向并没有完全同吸纳人口的多少相匹配。也就是说土地供给政策的问题突出表现为土地供给和土地需求的不匹配。从图7-5中我们可以明显看出土地资源和人口流动之间的错配。2000~2010年常住人口增长越多的城市，其在2003~2010年平均土地出让占比同2001~2003年期间相比，增加幅度越小，甚至出现负增长。而且，出现负增长的地区主要集中在沿海地区。特别需要指出的是，在上海仍然有大约1/3的土地为农业用地的

---

[1] 我们根据2016年《全国土地利用总体规划纲要（2006—2020）》调整方案计算得出。
[2] 2016年国土资源部公布的《国土资源"十三五"规划纲要》中提出，用地计划向中小城市和特色小城镇倾斜，向发展潜力大、吸纳人口多的县城和重点镇倾斜，对超大和特大城市中心城区原则上不再安排新增建设用地计划，促进大中小城市和小城镇协调发展。
[3] 数据来源：2002~2013《中国城乡建设统计年鉴》，中国计划出版社。其中，中小城市是指城区户籍人口50万以下的设市城市、全部的县城。
[4] 报告详见国土资源部网站：http://data.mlr.gov.cn/qtsj/201512/t20151229_1393418.htm.

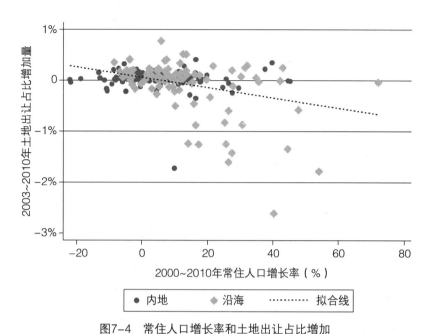

图7-4 常住人口增长率和土地出让占比增加
（数据来源：《中国国土资源统计年鉴》（2004—2014），中国大地出版社及第五、六全国人口普查）

背景下，土地供给的收紧不是因为城市扩张遇到了自然和地理条件的限制，其他城市就更不用说了。

上述的事实说明，中国的土地政策在2003年后发生了明显的转折，这为我们从供给角度理解房价的上涨提供了很好的准自然实验。

从理论上，我们可以通过一个简单的房价决定模型来理解土地供给政策如何影响房价。借鉴Hsieh和Moretti（2017）的城市空间均衡模型，我们假定房价决定函数为 $P_h = \alpha N^\beta$，其中N表示城市人口规模，β表示住房供给逆弹性，β越大表示住房供给弹性越小，α表示和人口无关的其他影响房价的因素。因此我们房价的变动取决于三方面的因素，即住房供给逆弹性（β）、城市人口规模（N）和其他因素α。从模型中我们可以得出，假定一个城市的住房需求增加（N变大），这时如果城市的住房供给弹性很小（β很大），那么城市的房价上涨就会很快。而城市的住房供给弹性决定因素又主要取决于地理和政策两方面。因此土地供给政策的变化可以表示由于政策变动带来的土地供给弹性的变化。基于此我们提出本章的研究假说。

研究假说：当住房需求增加时，收紧城市的土地供给，会导致住房供给弹性变小，从而相对于土地供给放松的城市而言，房价出现更快上涨。

本章接下来将利用2003年土地供给政策这一变化,识别其对区域房价上涨分化的影响,检验上述研究假说是否成立。

7.2.2 数据来源

核心被解释变量房价的数据来源于2001~2014年《中国区域经济统计年鉴》(中国统计出版社),通过计算商品房销售额除以销售面积得到地级市层面的平均房价。核心解释变量土地供给面积来源于2001~2014年《中国国土资源统计年鉴》(中国大地出版社)。土地供给面积是指通过招拍挂和协议方式出让的土地面积之和。另外,我们还控制了地级市层面的人均GDP、产业结构、固定资产投资、人口密度、财政收入和财政支出等变量,以缓解可能存在的遗漏变量问题。城市层面控制变量数据来源于2001~2014年《中国城市统计年鉴》(中国统计出版社),所有的控制变量都采用的是市辖区的数据。样本量涵盖2001~2013年279个地级市的数据。本章中使用的主要变量定义及描述性统计如表7-2所示。

描述性统计　　　　　　　表7-2

变量名	定义	样本量	均值	标准差	最小值	最大值
Lnhp	Ln(商品房销售额/销售面积)	3538	7.7231	0.6239	5.3816	10.1024
Lnlandsupply	Ln(土地出让面积)	3538	5.9903	1.2416	0.9631	9.1145
Land_rate	当年土地出让面积占全国土地出让面积比重	3538	0.0034	0.0045	0.00001	0.5783
Land_change	土地出让占比变化	3538	−0.0000256	0.002996	−0.0800	0.0363
Lnpergdp	Ln(市辖区人均GDP)	3538	10.0577	0.7666	7.1115	13.0556
Lnind_structure	Ln(三产产值比二产产值)	3538	−0.2380	0.5020	−2.4316	1.6174
Lninv	Ln市辖区固定资产投资	3538	14.0296	1.3612	5.7104	18.2537
Lnsave	Ln市辖区存款余额	3538	14.8054	1.4680	9.5875	20.5382

续表

变量名	定义	样本量	均值	标准差	最小值	最大值
Land_fiance	土地出让收入/一般预算内收入	3538	1.4377	1.6875	0.0012	20.2538
Lnpopdensity	Ln（市辖区人口密度）	3538	6.5169	0.9700	2.5649	9.5505
Lninc	Ln（财政收入）	3538	11.9185	1.5548	7.1929	17.5214
Lnexp	Ln（财政支出）	3538	12.5461	1.2946	8.3603	17.6018

7.2.3 识别策略

2003年以后中国土地供给政策发生的显著转变是土地供给开始倾向中西部地区。这一土地供给政策的空间上和时间上的转折为识别土地供给对于城市间房价的影响提供了很好的准自然实验。尽管土地政策在空间上倾向内地，但是这一政策在城市之间也存在一定的差异。为了进一步识别土地供给政策在城市间的差异，本章没有以东部和中西部作为划分标准，而是以2003年为拐点根据土地出让占比的变化将城市分为两组。具体分组方法如下：

$$\Delta land\_dec_i = \frac{\sum_{2001}^{2003} land\ supply_{it}}{\sum_{2001}^{2003} land\ supply_t} - \frac{\sum_{2004}^{2013} land\ supply_{it}}{\sum_{2004}^{2013} land\ supply_t}$$

$land\ supply_{it}$表示城市i在t年的土地出让面积；$land\ supply_t$表示t年全国的土地出让面积。如果城市i在2003年以后土地出让占全国的比重小于2003年以前土地出让占全国的比重，即$\Delta land\_dec_i > 0$那么将城市i视为土地供给收紧的组别；反之，则视为土地供给放松的组别。尽管土地年度管理指标限制了土地供给指标在年度之间的调节，但是，对于城市政府本身而言，土地供给的节奏仍可能在年度之间进行调节，分组中采用2001~2003和2003~2013年两个时间段的均值可以缓解这一问题。

根据这一分法，本章共识别出72个土地供给收紧的城市。从空间分布看，主要以

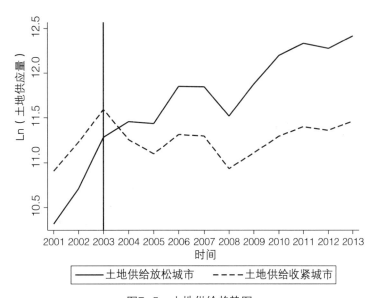

图7-5 土地供给趋势图

[数据来源:《中国国土资源统计年鉴》(2001—2014),中国大地出版社和作者计算]

东部沿海地区和内地一些大城市为主,特别是京津冀地区和长三角地区的城市[①]。

根据上述分组,图7-5描述了两个城市组别在2003年前后土地供给的整体趋势变化。从图7-5中可以看出,在2003年以前,两个城市分组的土地供给趋势基本保持一致,而且收紧城市组别在2003年前的土地出让面积要大于放松组别。但是2003年后,随着土地供给政策对这些城市的收紧,两个组别之间的土地供给差异开始拉大。土地供给放松的城市组别土地供给开始超过土地供给收紧的城市组别,并且土地供给差距逐年的扩大。

---

① 在土地供给减少的地区中,沿海地区的城市为36个,占土地供给减少地区样本总数的50%;在土地供给增加的地区,沿海城市个数为63个,占土地供给增加地区样本总数的30.4%。根据2010年常住人口统计,土地供给减少的地区城市平均人口规模为255万,而土地供给增加地区的城市平均人口规模为122万人。在土地供给减少的地区,内地城市平均人口规模为157万,而土地供给增加地区的内地城市的平均人口规模为107万。从城市特征看,土地供给受到限制的地区主要以沿海地区和内地大城市为主。根据分组情况,286个城市样本有72个城市在2003年以后的土地供给占比下降。这72个城市包括巴中市、保定市、保山市、北京市、常德市、长沙市、潮州市、成都市、承德市、大庆市、德州市、防城港市、福州市、广州市、海口市、杭州市、合肥市、衡水市、湖州市、怀化市、淮北市、淮南市、济南市、嘉兴市、嘉峪关市、金华市、晋中市、荆州市、酒泉市、克拉玛依市、乐山市、丽水市、茂名市、绵阳市、南充市、南京市、南通市、内江市、宁波市、攀枝花市、青岛市、曲靖市、三亚市、汕头市、商丘市、上海市、上饶市、绍兴市、深圳市、石家庄市、苏州市、泰安市、天水市、温州市、乌海市、无锡市、武汉市、西安市、厦门市、新乡市、忻州市、鹰潭市、玉溪市、湛江市、镇江市、郑州市、珠海市、资阳市、淄博市、衢州市、濮阳市。

同按照东部和中西部地理边界分组方法相比，对于本章分组方法的一个担心是可能存在自选择效应，即城市的地方政府可能在相邻的年份之间调整土地供给的节奏。另外也可能存在某些地方政府本身的经济发展、产业结构变化等因素导致土地供给占比在2003年以后的减少。如果这两个问题存在，会导致本章的分组存在内生性问题。对于第一点担忧，本章首先在处理上采用平均值而不是每年的指标，这在一定程度上消除了因为土地供给节奏导致的土地供给趋势的变化；其次，从土地供给的管理制度上看，对于建设用地指标的供应实行的是年度计划指标管理，计划指标的分配控制在中央，这意味着城市地方政府在较长年度间调整土地供给的余地很小。对于第二点的担忧本章利用Probit模型考察了导致2003年后城市土地供给收紧的原因。表7-3第（1）~（3）列被解释变量是二值虚拟变量，其中，当被解释变量取值为1时表示2003年后土地供给收紧，取值为0表示2003年后土地供给放松。如果2003年后城市土地供给被收紧的原因不是地方政府可以操控的，那么我们的分组方法识别的土地政策对于城市而言就是外生的。我们使用2003年的城市层面的变量对2003年后城市土地供给占比变化进行回归。从表7-3第（1）~（3）列回归结果看，对于沿海地区（Coast）而言，其土地收紧的概率更大，而且在控制了2003年的土地出让占比（Land_rate）之后，则其他的变量都变得不显著。这表明2003年的土地政策的转变主要是基于地理（Coast）和上一年的土地供给（Land_rate）。而这两个因素对于地方政府而言是无法操控的。因而，我们可以确定2003年以后土地政策的转变对于城市而言是外生的。表7-3第（4）~（5）列将分组的0-1变量替换为占比变动差值，结果仍然是一致的。对于东部和2003年出让占比大的地区而言，其2004~2013年的土地供给占比减少的幅度也越大。表7-3的回归结果说明2003年的政策收紧地区主要是以东部地区和2003年时土地出让占比大的地区为主。总之，表7-3的回归可以打消我们对于分组内生性问题的担忧。

土地政策拐点影响因素分析　　　　　　　　表7-3

VARIABLES	(1) Probit Model	(2) 被解释变量	(3) ：收紧城市=1	(4) OLS	(5) 被解释变量	(6) ：土地供给占比变动
Coast	0.414**		0.265	−0.0112***		−0.00509**
	(0.190)		(0.200)	(0.00273)		(0.00215)

续表

VARIABLES	(1) Probit Model	(2) 被解释变量：收紧城市=1	(3)	(4) OLS	(5) 被解释变量：土地供给占比变动	(6)
Land_rate		45.15***	45.15***	−0.0112***		−0.00509**
		(10.05)	(10.05)	(0.00273)		(0.00215)
Lnpergdp	0.112	0.0848	0.0848	-1.93×10^{-5}	0.000203	0.000203
	(0.0702)	(0.0654)	(0.0654)	(0.000417)	(0.000320)	(0.000320)
Lnind_structure	0.0703	0.0404	0.0404	−0.000364	-4.48×10^{-5}	-4.48×10^{-5}
	(0.0594)	(0.0547)	(0.0547)	(0.000373)	(0.000287)	(0.000287)
Lninv	0.0856**	0.00307	0.00307	−0.000785***	0.000183	0.000183
	(0.0409)	(0.0420)	(0.0420)	(0.000255)	(0.000209)	(0.000209)
Land_fiance	0.0133	0.00378	0.00378	−0.000109	4.41×10^{-5}	4.41×10^{-5}
	(0.0124)	(0.0121)	(0.0121)	(8.83×10^{-5})	(6.86×10^{-5})	(6.86×10^{-5})
Lnpopdensity	−0.00319	0.00529	0.00529	1.90×10^{-5}	-4.46×10^{-5}	-4.46×10^{-5}
	(0.0386)	(0.0363)	(0.0363)	(0.000223)	(0.000171)	(0.000171)
Observations	245	245	245	278	278	278
Province FE	YES	YES	YES	YES	YES	YES
R-squared				0.535	0.728	0.728

注：*** 表示1%水平显著，** 表示5%水平显著；括号内为标准误。

7.3 土地供给与城市房价间关系

7.3.1 通过基准回归判断土地供给与房价的关系

在考察土地供给政策转折对房价的影响之前，我们先分析土地供给同房价之间的关系。从供给角度讲，土地供给得越多越能起到抑制房价上涨的作用。表7-4考察了土地供给对于房价的影响。由于土地供给同房价之间存在内生性。因此，我们采用土地供给占比这一外生的变量表示土地供给的多少。表7-4第（1）~（4）列使用城市土地出让占全国土地出让的比重（Land_rate）作为核心解释变量。从回归结果看，Land_rate的系数非常的显著。表7-4中（1）~（2）列给出了OLS的回归结果。由于我们在回归中控制了被解释变量的滞后项，可能导致估计结果的不一致，因此表7-4第（3）~（4）列我们采用GMM估计方法。从OLS和GMM回归估计的结果看，土地供给占比的提高都会显著地降低房价。此外，为了缓解遗漏变量问题，我们还控制了可能影响房价的人均GDP、人口密度、固定资产投资财政支出等变量。从控制变量回归系数看，都比较符合预期。综上，表7-4的回归结果表明，增加土地的供应能够显著地降低房价。

土地供给与房价关系　　　　　　　　　　表7-4

VARIABLES	（1）OLS	（2）OLS	（3）GMM	（4）GMM
land_rate	−4.044***	−5.513***	−3.214**	−1.590*
	(1.121)	(1.135)	(1.329)	(0.936)
Lnpergdp		0.0834***		0.222***
		(0.0166)		(0.0233)
Lnind_structure		0.00805		0.0732***
		(0.0132)		(0.0200)
Lninv		0.0262***		0.0545***
		(0.00925)		(0.00987)
Lnfinance		0.0111		0.0441***
		(0.0136)		(0.0152)
Lnexp		0.0366**		0.125***
		(0.0168)		(0.0181)
Lnpopdensity		0.0309**		0.00643
		(0.0145)		(0.0127)
Lnpop		0.0430***		0.0860***
		(0.0118)		(0.00798)

续表

VARIABLES	(1) OLS	(2) OLS	(3) GMM	(4) GMM
Lag_lnhp			0.987***	0.338***
			(0.00429)	(0.0198)
Constant	7.069***	5.040***	0.228***	−0.403***
	(0.0113)	(0.247)	(0.0336)	(0.135)
Observations	3538	3498	2856	2820
R-squared	0.934	0.936		

注：*** 表示1%水平显著，** 表示5%水平显著，* 表示10%水平显著；括号内为标准误。标准误差聚类到省级层面。

表7-4阐述了一个基本的事实，即增加土地供给可以有效抑制房价上涨。既然土地供给的增加能够显著地抑制房价上涨，那么自2003年以来的土地供给政策转折对于城市间的房价产生了怎样的影响？本章接下来的部分，将通过实证检验回答这一问题。

本章使用的基本回归模型如下：

$$\ln hp_{it} = \alpha + \gamma Treat_i \times Post + \beta X_{it} + \lambda_t + u_i + \varepsilon_{it}$$

其中，$Treat$是0，1变量，如果2003年后土地供给占比减少则为1，反之则为0。$Post$表示2003年以前取0，2003年以后取值为1。Treat_Post是我们关心的核心解释变量。Treat_Post表示城市土地是否收紧和2003年前后的交互项。如果2003年以后政策收紧组别因为土地供给受到限制，那么预期交互项的系数将为正。交互项为正则意味着同2003年后土地供给放松的城市相比，土地收紧的城市房价上涨得更快。此外，回归模型中我们还控制了城市层面的变量和年份以及城市双向固定效应。本章使用的基准模型虽然类似DID，但是同严格的DID还存在明显的不同。因为就本章中的两个组别而言，其本身都受到土地政策的影响，差别在于土地政策影响的方向不同。因此，同DID方法的不同在于，本章并不存在严格的处理组和对照组。但是，正如本章前述所证明的分组的外生性，本章交互项的处理对于城市房价变化而言是外生的。因此，可以使用上述实证模型识别土地供给政策变化对房价上涨的影响。此外，本章类似DID的回归模型，使得我们可以借鉴DID的共同趋势假设和反事实假设，验证估计的准确性。

表7-5报告了主要回归结果。从回归结果看，Treat_Post的系数为正且显著，这意

味着对于土地政策收紧组别而言，2003年以后的房价上涨更快。平均而言，2003年以后土地收紧组别地区的房价相对土地放松地区的房价上涨了10.6%。表中我们还控制了人均GDP、产业结构、固定资产投资、财政支出和人口密度等变量。另外，比较核心解释变量和控制变量的系数可以发现，Treat_Post的系数要大于其他控制变量，其系数大小接近人均GDP系数的2倍。这表明2003年后，相比经济发展等因素，土地政策的转变是影响房价上涨的重要因素。值得注意的是，无论是否控制其他变量，Treat_Post的系数变化并不大。

土地政策与房价：基准回归　　表7-5

VARIABLES	(1) Lnhp①	(2) Lnhp	(3) Lnhp
Treat_Post	0.0926*	0.107**	0.106**
	(0.0509)	(0.0506)	(0.0506)
Lnpergdp		0.0544*	0.0510
		(0.0304)	(0.0303)
Lnind_structure		−0.000665	−0.00142
		(0.0244)	(0.0243)
Lninv		0.0274	0.0282
		(0.0200)	(0.0201)
Lnfinance		0.0114	0.0123
		(0.0258)	(0.0256)
Lnexp		0.0394	0.0404
		(0.0334)	(0.0330)
Lnpopdensity			0.0278
			(0.0229)
Constant	7.057***	5.636***	5.451***
	(0.0270)	(0.532)	(0.529)
Observations	3538	3538	3538
R-squared	0.934	0.936	0.936
Year FE	YES	YES	YES
City FE	YES	YES	YES

注：*** 表示1%水平显著，** 表示5%水平显著，* 表示10%水平显著；括号内为标准误。标准误聚类到省级层面。

---

① 为房价对数。

同时，表7-5的交互项回归意味着土地供给收紧的城市和土地供给增加的城市房价在2003年后出现了分化。同DID的共同趋势检验类似，我们接下来考察了两个组别在2003年前后的趋势是否发生明显变化。如果在2003年以前两组城市的房价趋势没有显著差异，而2003年以后的房价开始出现分化，则表7-5的回归结果更能有力地说明土地供给政策的转折效果。为此，我们将Treat和年份进行交互，图7-6报告了Treat和年份交互项的系数以及95%的置信区间。从图7-6的结果可以看出，在土地政策发生拐点以前，即2003年以前，两组城市的房价不存在显著的差异。而在2003年以后，两组城市的房价开始出现分化，而且这种分化的效果随着时间的推移效果也越大。尽管2010年后这一效果的系数出现了下降，但是相比于土地放松地区而言，土地供给收紧城市的土地供给仍然是偏紧的。所以和土地供给放松城市相比，在2010年以后其房价仍然上升较快。

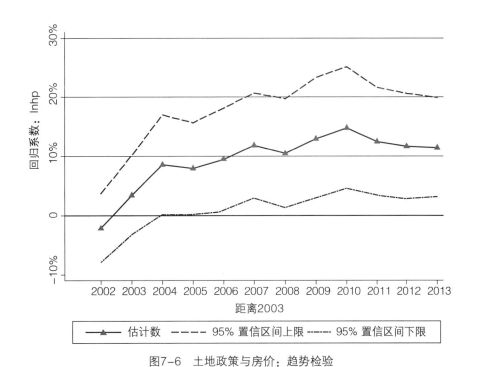

图7-6 土地政策与房价：趋势检验

表7-5和图7-6的回归结果表明2003年以后土地政策的偏向导致了城市之间的房价分化。从土地供给占比减少的城市特征看，这些城市主要集中在沿海地区和内地大城市。而这些城市是在城市化过程中，吸纳人口流入的主要地区。在这些城市不断吸引人

口流入的背景下，对于这些城市的土地供给限制却相对越来越紧，这会限制这些城市为流入人口提供住房的能力，推高了城市的房价。即使用房价－工资这样的相对指标，政策仍然导致土地供给收紧地区的房价－工资比在2003年后上升，而土地供给放松的地区房价－工资比则相对稳定（图7-7）。这不利于沿海地区和大城市进一步吸纳人口的流入，从而影响城市发挥更大的集聚效应。

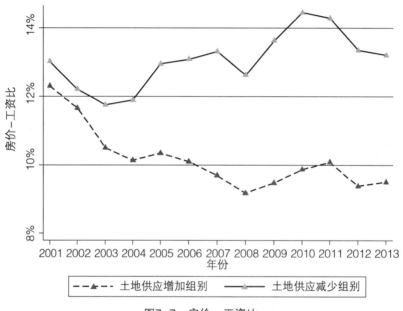

图7-7　房价—工资比

[数据来源：《中国城市统计年鉴》(2002-2014)，中国统计出版社]

7.3.2　对基准回归进行稳健性检验

前文检验了2003年土地政策转变对于城市房价上涨的影响。在上一部分的主要回归中我们通过验证分组方法的外生性和加入控制变量的方法保证了回归结果的可靠性。为了进一步加强回归结果的稳健性，我们还增加了几组检验。第一组通过加入更多控制变量和变换分组方法进一步缓解可能存在的遗漏变量和测量误差问题。第二组删除部分房价异常样本以剔除可能存在的极端值的影响。第三组借鉴反事实检验，进一步验证了2003年政策拐点的准确性。

1. 子样本回归

尽管在第四部分回归中我们控制了一些控制变量，以及采用固定效应回归剔除了城市不随时间变化因素的影响，但是仍然可能有一些不可观测的城市特征对回归结果造成影响。为了进一步地控制遗漏变量偏误，我们通过选择可比性较强的城市作为子样本进行回归。可以采取的一种方法是将城市样本限定为相邻城市样本，这样做的一个好处是相邻城市的特征具有相似性，这在一定程度上能够缓解随时间变化的不可观测的城市变量的影响。具体而言，我们先确定土地供给放松的地区作为对照组。表7-6中第1列报告了采用相邻城市样本进行回归的结果。从回归结果看，土地政策的转变对于两个城市之间的房价分化影响在边际上是显著的（t值为1.46）。平均而言，2003年后，土地供给减少地区的房价要比土地供给增加地区的房价高出6.5%。

城市子样本回归 表7-6

VARIABLES	（1）相邻城市样本	（2）70个大中城市	（3）35个大中城市
Treat_Post	0.0650	0.162**	0.179***
	(0.0445)	(0.0717)	(0.0519)
Lnpergdp	0.0704*	0.0281	−0.00948
	(0.0344)	(0.0756)	(0.0438)
Lnind_structure	−0.0144	0.0228	0.00587
	(0.0303)	(0.0381)	(0.0459)
Lninv	0.0197	0.0250	−0.0338
	(0.0217)	(0.0499)	(0.0431)
Lnfinance	0.00132	0.0109	0.0384
	(0.0189)	(0.0552)	(0.0421)
Lnexp	0.0496*	0.0953	−0.0102
	(0.0247)	(0.0684)	(0.0368)

续表

VARIABLES	（1）相邻城市样本	（2）70个大中城市	（3）35个大中城市
Lnpopdensity	0.0202	0.000416	0.0206
	(0.0230)	(0.0331)	(0.0371)
Lnsave	0.0347	0.0380	0.0587
	(0.0270)	(0.0361)	(0.0466)
Constant	4.980***	4.897***	6.878***
	(0.635)	(1.359)	(0.850)
Observations	2609	867	442
R-squared	0.947	0.951	0.965
Year FE	YES	YES	YES
City FE	YES	YES	YES

注：*** 表示1%水平显著，** 表示5%水平显著，* 表示10%水平显著；括号内为标准误。回归标准误聚类到省级层面。

另外一种缓解由城市特征差异造成的遗漏变量问题的方式是按照城市规模区分子样本回归。表7-6第（2）~（3）列我们选取70个大中型城市和35个大中型城市的样本做分样本回归。这里的70个大中城市和35个大中城市的划分采取的是国家统计局的标准①。表7-6第（2）和（3）列回归结果表明，即使对照组是土地供给增加的大城市，限制其他大城市的土地供给仍然会导致这些城市房价的快速增长，而且这一系数变大且更为显著。另外表7-6还控制了代表城市储蓄率的存款因素lnsave，储蓄因素会通过增加住房需求而影响房价。在加入lnsave后我们发现，存款的增加地区会因为刺激了住房需求而推高房价；但是Treat_Post交互项的系数显著性并没有改变。

---

① 35个大中城市是指：北京、天津、石家庄、太原、呼和浩特、沈阳、大连、长春、哈尔滨、上海、南京、杭州、宁波、合肥、福州、厦门、南昌、济南、青岛、郑州、武汉、长沙、广州、深圳、南宁、海口、重庆、成都、贵阳、昆明、西安、兰州、西宁、银川、乌鲁木齐。70个大中城市名单则除上述35个城市外，还包括唐山、秦皇岛、包头、丹东、锦州、吉林、牡丹江、无锡、扬州、徐州、温州、金华、蚌埠、安庆、泉州、九江、赣州、烟台、济宁、洛阳、平顶山、宜昌、襄阳、岳阳、常德、惠州、湛江、韶关、桂林、北海、三亚、泸州、南充、遵义、大理。

2. 控制移民因素

本章存在的一个可能遗漏变量问题是忽视了移民的影响。中国正处在城市化快速发展的阶段，移民大量涌入城市。因此，移民的增加可能促进房价的上涨，又可能会导致城市的土地供给紧张。为了排除这一机制，我们在回归中加入了移民率的变量，移民率的计算我们通过常住人口减去户籍人口计算得到。由于数据的限制，其中常住人口数据由GDP除以人均GDP推算得出。表7-7的回归结果表明加入移民变量后可以发现移民占比越高的城市房价上涨的确也越快。但是在控制了移民因素以后，Treat_Post的系数仍然是显著为正。这意味着在控制了移民这一重要需求因素之后，土地供给政策的转折仍然对房价的上涨造成了显著的影响。

移民与房价　　　　　　　　　　　　　　　　　表7-7

VARIABLES	（1）Lnhp	（2）Lnhp	（3）Lnhp	（4）Lnhp
Treat_Post	0.0949*	0.110**	0.109**	0.103**
	（0.0510）	（0.0506）	（0.0506）	（0.0463）
Lnpergdp		0.0499	0.0464	0.0530
		（0.0319）	（0.0317）	（0.0347）
Lnind_structure		0.00380	0.00314	−0.000208
		（0.0282）	（0.0280）	（0.0289）
Lninv		0.0327	0.0339	0.0246
		（0.0226）	（0.0225）	（0.0253）
Lnfinance		0.0121	0.0132	0.0149
		（0.0285）	（0.0283）	（0.0267）
Lnexp		0.0504	0.0516	0.0812**
		（0.0349）	（0.0344）	（0.0333）
Lnpopdensity			0.0284	0.00975
			（0.0231）	（0.0226）
migrant				0.0269*
				（0.0155）

续表

VARIABLES	(1) Lnhp	(2) Lnhp	(3) Lnhp	(4) Lnhp
Constant	7.075***	5.487***	5.291***	6.100***
	(0.0269)	(0.581)	(0.573)	(0.643)
Observations	3351	3351	3351	2989
R-squared	0.937	0.939	0.939	0.943
Year FE	YES	YES	YES	YES
City FE	YES	YES	YES	YES

注：*** 表示1%水平显著，** 表示5%水平显著，* 表示10%水平显著；括号内为标准误。回归标准误聚类到省级层面。

3. 改变分组方法

本章的上述回归中分组采用的是加总之后再平均来度量城市的土地供给占比，这可能存在一定的测量误差。接下来使用土地供给占比的平均值作为稳健性检验。具体分组方法如下：

$$\Delta land\_dec_i = \frac{\sum_{2001}^{2003} \frac{land\ supply_{it}}{land\ supply_t}}{3} - \frac{\sum_{2004}^{2013} \frac{land\ supply_{it}}{land\ supply_t}}{10}$$

表7-8第1列报告了改变分组方法后的回归结果。从表7-8第（1）列回归结果看，改变分组方法并没有改变交互项系数的显著性。这主要是因为在计算2003年之前和之后的土地出让占比时，采取先加总土地供给面积再平均和直接平均每年的土地出让占比，两种分组方法所识别的城市分组差异不大。

另外，主回归中我们使用的是城市层面的平均房价。为了减少部分城市房价统计可能存在的异常值对于回归结果的影响，我们删除了房价样本两端5%和10%的样本。表7-8第（2）~（3）列报告了删除部分样本后的回归结果。从回归结果看，样本两端的数值对于结果的影响不大。

改变分组方法与删除极端值　　　　　　表7-8

VARIABLES	（1） 分组方法2	（2） 去掉5%样本	（3） 去掉10%样本
Treat_Post	0.0910*	0.0895*	0.0837*
	(0.0484)	(0.0473)	(0.0481)
Lnpergdp	0.0417	0.0335	0.0324
	(0.0300)	(0.0328)	(0.0328)
Lnind_structure	−0.0102	−0.0124	−0.00457
	(0.0255)	(0.0244)	(0.0253)
Lninv	0.0230	0.0252	0.0258
	(0.0198)	(0.0170)	(0.0166)
Lnfinance	0.00428	0.0241	0.0242
	(0.0266)	(0.0257)	(0.0268)
Lnexp	0.0364	0.0333	0.0292
	(0.0320)	(0.0320)	(0.0328)
Lnpopdensity	0.0306	0.0181	0.0154
	(0.0231)	(0.0222)	(0.0226)
Constant	4.870***	5.710***	5.791***
	(0.580)	(0.472)	(0.506)
Observations	3538	3185	3017
R-squared	0.936	0.938	0.932
Year FE	YES	YES	YES
City FE	YES	YES	YES

注：***表示1%水平显著，*表示10%水平显著；括号内为标准误。回归标准误聚类到省级层面。

4. 控制人口规模和经济发展水平

另外，可能会担心房价的分化是因为人口规模和经济发展水平在2003年后也同样发生"突变"导致的。如果交互项对经济发展和人口规模也有显著正的影响，那么会高估土地供给变动对房价的影响。对此，我们用交互项分别对经济发展水平（人均GDP）和人口规模进行回归。结果发现，交互项对经济发展水平有显著负向的影响，但是对于人口规模没有显著影响。因此，这排除了交互项通过经济发展水平和人口规模影响对房价的正向影响从而可能对回归结果造成的高估。

表7-9 对经济发展水平和人口规模的影响

VARIABLES	(1) Lnpergdp	(2) Lnpop	(3) Lnhp
Treat_Post	−0.0777**	−0.0315	0.105**
	(0.0305)	(0.0329)	(0.0501)
Lnpergdp		−0.775***	0.0837***
		(0.0819)	(0.0265)
Lnind_structure	−0.144***	−0.306***	
	(0.0353)	(0.0533)	
Lninv	0.0792***	0.0148	0.0239
	(0.0252)	(0.0232)	(0.0191)
Lnfinance	0.0636**	0.0991**	0.0105
	(0.0291)	(0.0398)	(0.0247)
Lnexp	0.0690*	0.0602	0.0373
	(0.0388)	(0.0523)	(0.0329)
Lnpopdensity	0.131***	−0.124*	0.0290
	(0.0468)	(0.0663)	(0.0220)
Lnpop			0.0377*
			(0.0203)
Constant	6.000***	10.45***	5.082***
	(0.499)	(1.067)	(0.557)
Observations	3,538	3,498	3,498

续表

VARIABLES	（1）	（2）	（3）
	Lnpergdp	Lnpop	Lnhp
R-squared	0.931	0.936	0.936
Year FE	YES	YES	YES
City FE	YES	YES	YES

注：*** 表示1%水平显著，**表示5%水平显著，*表示10%水平显著；括号内为标准误。回归标准误聚类到省级层面。

5. 反事实检验

本章在政策拐点上的判断可能存在的问题是土地政策的转折可能不是发生在2003年。尽管图7-6证明了土地供给政策对于房价影响的趋势是从2003年开始的，但是为了进一步验证结果的稳健性，我们借鉴DID方法中的反事实假设，验证2003年时间拐点的准确性。表7-10假设土地政策的变化不是发生在2003年，而是发生在其他年份，以此检验这一政策效果是否还符合趋势检验。这一检验的逻辑是：如果政策的拐点不是发生在2003年，而是发生在其他年份，那么发生在其他年份也应该符合共同趋势的假设。反之，如果不符合共同趋势假设，可以认为这一假定的时间拐点并不存在。为此，我们按照政策发生在不同的年份对城市重新进行分组。表7-10中第（1）列到第（9）列分别假设政策发生在除2003年外的其他年份。表7-10的回归结果表明，如果假设政策变化发生在其他年份，那么其政策的变化时间拐点并不符合共同趋势的假设。表7-10的回归结果可以进一步增强土地政策变化发生在2003年。以表7-10第（1）列为例，如果土地政策的转折不是发生在2003年，而是发生在之前的2002年，表7-10中的第一列Treat*2003的系数则应该为正，且其后同年份的交互应该为正。但是第（1）列的交互项系数都不显著。这说明政策的时间拐点并不是发生在2002年。按照同样的逻辑，表7-10中，第（2）~（6）列在假设的政策拐点之后一年的交互项系数都不显著。而且第（7）列在假定的政策拐点之前交互项系数就显著了，恰恰说明假设的其他时间拐点实际并不存在。总之，表7-10的回归表明，土地政策的拐点的确发生在2003年，而不是2003年之前或之后的某一年。

表7-10 政策时间拐点反事实检验[1]

VARIABLES	(1) 2002	(2) 2004	(3) 2005	(4) 2006	(5) 2007	(6) 2008	(7) 2009	(8) 2010	(9) 2011	(10) 2012
Treat*2002	-0.0403	-0.0403	-0.0404	-0.0336	-0.0252	-0.0119	-0.00430	-0.00307	-0.0188	-0.0246
Treat*2003	-0.0362	-0.0362	-0.0438	-0.0447	-0.0364	-0.00539	0.00745	0.0193	0.0138	0.00222
Treat*2004	0.0337	0.0337	0.0382	-0.00792	-0.0112	0.0302	0.0369	0.0423	0.0141	0.0108
Treat*2005	0.0251	0.0251	0.0223	0.00510	0.0255	0.0474	0.0716	0.0717	0.0281	0.0384
Treat*2006	0.0351	0.0351	0.0328	0.00623	0.0287	0.0690	0.0927*	0.0855	0.0549	0.0493
Treat*2007	0.0511	0.0511	0.0547	0.0342	0.0499	0.0712	0.0975*	0.0891	0.0625	0.0559
Treat*2008	0.0357	0.0357	0.0366	0.0132	0.0238	0.0477	0.0779	0.0786	0.0359	0.0419
Treat*2009	0.0780	0.0780	0.0585	0.0587	0.0272	0.0759	0.0852	0.109	0.0547	0.0607
Treat*2010	0.0741	0.0741	0.0621	0.0532	0.0683	0.0803	0.106	0.105	0.0528	0.0724
Treat*2011	0.0739	0.0739	0.0544	0.0464	0.0386	0.0593	0.0789	0.0796	0.0371	0.0220
Treat*2012	0.0613	0.0613	0.0482	0.0291	0.0341	0.0522	0.0584	0.0491	0.00137	-0.00843
Treat*2013	0.0372	0.0372	0.0227	0.00485	0.0167	0.0286	0.0396	0.0273	-0.0183	-0.0277
Observations	3527	3527	3527	3527	3527	3527	3527	3527	3527	3527
R-squared	0.936	0.936	0.936	0.936	0.936	0.936	0.936	0.936	0.936	0.936
Year FE	YES	YES	YES	YES	YES	YES	YES	YES	YES	YES
City FE	YES	YES	YES	YES	YES	YES	YES	YES	YES	YES

注：* 表示10%水平显著；括号内为标准误。回归标准误差聚类到省级层面。

[1] 限于篇幅，表7-10只报告了交互项的系数。另外，我们在回归中控制了人均GDP、产业结构、固定资产投资、财政支出、存款、人口密度。

7.4 结论与建议

本章研究结果表明2003年后倾向内地的土地供给是房价上涨在城市间分化的重要原因。实证研究发现，2003年以来，相比于土地供给增加的城市，土地供给收紧城市的房价上涨更快。从城市特征看，土地供给受到限制的城市较大比例是沿海地区的城市和内地地区的大城市。限制这些人口流入地区的土地供给，导致城市增加住房供给满足住房需求的能力不足，造成城市的房价较快地增长。对于这些地区而言，房价的上涨体现的是供需错配，而不能认为是存在"泡沫"。

房价的过快上涨不仅会导致劳动力成本的上升，损害城市竞争力，还会进一步影响企业的创新、投资等行为，进而影响经济增长。因此，在政策上，要减少房价对于经济的负面影响，就需要先减少土地供给在空间上的扭曲，通过增加对吸纳人口较多的大城市的土地供给，缓解城市的房价上涨。未来，中国的城市化将会吸引更多的人流向大城市，改变当前对于大城市土地供给的限制是满足城市化居民的住房需求，推动供给侧改革的应有之意。近期国土资源部要求房价上涨较快的城市适当增加土地供给，住房库存较大的三四线城市减少土地供给，这是对过去土地供给扭曲的纠正。只有进一步地优化土地供给在空间上的配置，让土地要素的配置同人口的流动方向一致，才能实现土地资源在空间上的供给和需求匹配。

第8章 城市土地和空间分层出让模式

本章作者：叶青

  城市要实现绿色发展，土地依然是最重要的资产，而其中与开放空间和交通系统无障碍联接的地面层及近地面层又是最宝贵的。未来，政府和市场主体合作进行土地开发运营将是重要的可持续发展模式之一。为适应新时代发展需求，优化传统的土地出让方式，探索提出土地分层出让新模式，其优点：①城市地面层属于全体市民；②政府可持续获得核心地块土地增值并反馈给城市；③城市公共空间和公共配套设施易形成有机整体；④节约用地；⑤体现政府"管"和"放"结合，城市灰色消极空间变为绿色活力空间；⑥空间功能可适应激变的时代和公众需求，城市整体价值可不断优化提升。分层出让方式适用于城市核心地区、优质景观和文化设施周边区域、轨道站点周边区域、混合型街区等。

作者简介

  浙江大学建筑学硕士，教授级高级工程师、国家一级注册建筑师。现任深圳市建筑科学研究院股份有限公司党委书记、董事长，并担任中国城市科学研究会绿色建筑专业委员会副主任、中国城市科学研究会中国生态城市专业委员会副主任兼秘书长、深圳市第六届人民代表大会常务委员会委员等多项社会职务。

8.1 土地出让制度的背景

地方政府之所以采取并且能够以低价出让工业用地、高价收取商住地租的手段推进工业化和城镇化，与中国现有的土地征用制度和政府间行政、财政体制有非常密切的关联。分税制改革也极大地改变了地方政府的行为方式。在"财权上收"的情况下，各种预算外财政收入（各类型收费、基金和土地出让金等）成为地方政府缩小收支缺口的主要依靠。其中，土地出让金几乎全部划归地方所有，是最可靠和最灵活的地方收入来源。而在土地的出让和开发中，地方除了获得出让金之外，还能够得到用地单位缴纳的各项税收收入。在中国的土地出让制度下，地级市政府垄断了土地供应一级市场，既是经营者，又是管理者。政府征用土地后转让使用权，是招商引资、发展辖区经济不可或缺的生产要素。

企业是生产要素集聚的渠道和载体，新企业建立或现有企业规模扩大，都会进一步促进城市人口数量、资本水平和信息知识等要素的增长。因此，以城镇化和经济增长为最终目的的地方政府，自然将"招商引资"当作直接目标，他们一方面通过提供廉价土地和各种优惠政策来降低生产要素价格，另一方面通过投资基础建设来改善地方生产环境，共同达到吸引企业进驻和资本流入的目的。我国的土地出让制度为上述行为提供了工具和条件，地方政府借由低价出让工业用地、高价出让商住用地，同时实现了压低企业成本和提高公共支出的目标，加速推进了地方经济增长和城镇化。

在我国的垂直管理体制之下，地方政府主要是对上负责，地区经济发展是上级考核下级官员政绩的核心内容。因此，地方官员需要通过招商引资推动经济增长并增加上缴财政收入，来获得政绩以求得到提升（或留任）的机会。在此过程中，土地成为政府吸引企业的主要手段之一。但是，低价出让工业用地会大幅减少地方财政收入。在这种情况下，商住用地的出让为地方政府提供了一个"两全之策"：政府通过低价出让工业用地促进了工业发展和就业增长，工人数的增加进一步推动城市总人口扩张，城市居民的住房需求和商业服务业水平随之提高，刺激了商住地价上涨，政府于是能够从商住用地出让上获得大量出让金，反过来又给地方政府提供了更大的财政空间来继续降低工业用地地价招商引资，最终形成了地区经济和财政收入双双增长的局面。

近年来，土地出让已逐渐成为各地政府的主要财政工具之一，为了规范土地利用管控行为，防止土地资源浪费和恶性价格竞争，中央陆续出台了一系列规章制度。2002~2003年，国土资源部先后发布了《招标拍卖挂牌出让国有土地使用权规定》和《协议出让国有土地使用权规定》，其中规定："商业、旅游、娱乐和商品住宅等各类经营性用地，必须以招标、拍卖或者挂牌方式出让。"限制了低价出让土地用于商住目的的行为，但是依然给工业用地留下了协议出让的口子。到2006年，《国务院关于加强土地调控有关问题的通知》则明确提出，工业用地必须采用招拍挂方式出让。此后虽然仍出现了一些"量体定做"出让条件，导致部分工业地块价格低于招拍挂水平的现象，但协议廉价出让工业用地的情况基本得到了遏制。

8.2 现行主要土地宏观调控政策

近年来，随着我国社会经济的快速发展和人口的增长，人们对土地利用的观念也发生了变化，由以前的资源利用逐渐向资产并重方向转变。土地既是生产、生活不可或缺的物质载体又是经济增长不可或缺的原动力，在宏观经济运行中发挥着极其重要的作用，土地宏观调控政策成为国家进行宏观调控的重要手段，在调节经济增长总量、速度、结构等方面有着重要的意义。从国家层面上讲，土地利用的国家宏观调控与国民经济息息相关，从区域层面上讲，土地的区域利用与地方经济互为一体，土地利用与经济发展相互促进、相互制约。土地政策体系由不同层次、环节和领域的各种政策构成。土地利用的宏观调控政策仅是土地政策体系中的一部分。现阶段我国土地宏观调控政策主要包括土地规划政策、土地供给政策、土地价格政策、土地税收政策。土地规划政策是政府及相关部门通过对各类用地指标的调控做出对未来土地利用的计划和安排，协调国民经济各部门的土地利用活动。依据各用地单位土地资源配置效率的不同，在时空上对各类用地进行合理安排，控制各类用地土地供给量、供给结构以调节投资规模、方向，直接、有效地调控地区产业布局、产业结构和产业规模，引导产业结构调整，促进产业结构优化升级，从而建立适应经济、社会和市场发展需要的合理的土地利用结构，合理配置和有效利用土地资源。

土地供给政策是政府为了实现一定的社会、经济发展目标，在土地供给过程中所采取的一系列有计划的措施和行动的总称。政府通过土地供给政策调节土地供应总量、土地供给结构、土地供给方式、土地供给价格等，从而协调区域产业结构、产业布局、固定资产投资、用地规模等。政府通过土地供给数量、土地供给区域、土地供给行业的调节以引导投资的方向和强度，从而调整区域经济发展模式，实现区域间均衡的社会、经济发展预期目标。

土地价格政策的制定基于土地资源既是社会生产的重要物质资料，也是社会产品的重要部分，还是重要的社会财富，不仅具有使用价值，而且具有重要的非使用价值；土地资源的供给价格直接影响用地成本，按照价值规律，政府通过调整或控制土地资源价格可以直接或间接制约甚至是决定投资的方向，对土地资源利用在区域间、部门间配置起着导航作用。

土地税收政策是政府通过对土地资源取得、保有、转让征税来调控土地资源的配置、土地资源利用效率、土地资源利用方式和土地资源利用强度等的手段。土地税收是优化土地资源配置和实现土地资源有效管理的重要经济手段，通过土地税收政策可以有效地限制土地投机交易行为、限制土地囤积行为，解决历史上的划拨土地无偿使用与现在出让土地有偿使用的双轨制造成的不公平竞争问题等。

土地本身作为自然资源，是自然的产物，却在人类的生产生活过程中，转变为经济资产，并因所在经济领域的不同、供求关系的差异、宏观经济环境的变化等而发生价值变化，从而给土地产权拥有者、使用者等带来经济收益的变化。

土地增值及其收益分配关系问题研究，长期以来得到理论界和实践工作者的普遍关注。究其原因，一是自国家实行土地有偿使用制度以来，土地市场快速发展，土地价值得以充分显化，土地增值及其收益分配关系自然成为各相关利益主体关注的对象；二是在土地市场快速发展的同期，也是我国城镇化、工业化快速发展的时期，在这一过程中大量的新增建设用地是产生土地增值最明显的领域，其收益分配关系问题也就自然成为相关利益主体关心的重点，也是理论界研究的焦点；三是这一时期还是房地产市场高歌猛进的时期，房地产价格快速、持续上涨，为土地不断增值，甚至跳跃式上升，提供了可能，所引起的土地增值分配问题更是激化了收益分配各方的矛盾。

理论上关于土地增值及其收益分配问题的争议主要体现在以下方面：

一是关于土地增值的来源，也就是土地增值是如何产生的。有人认为是基于产权主体的投资与开发利用产生的,也有人认为是政府的规划和基础设施建设导致的。由此可见,不同的产生来源,会有不同的分配观点。与此相伴生的,还有地价与房价的关系,即房价上涨是由地价上涨导致的,还是房价上涨引起了地价上涨,这些甚至已经达到了类似于"是鸡生蛋还是蛋生鸡"的终极困惑。

二是土地增值究竟如何分配,这是焦点中的焦点。有人认为应基于产权分配,土地是谁的增值收益就应归谁,即所谓"涨价归私"。也有人认为应该"涨价归公",这主要是基于政府进行基础设施建设,政府通过规划实施用途管制,由此引起的土地增值理应归公,并通过归公用于公共财政、城市建设,服务于社会。还有人从保护农民利益,解决农民生产和生活保障的角度,提出让农民分享更多的土地增值收益。

三是关于政府在土地增值及其分配中的角色与作用。实践中的现实是,政府在土地增值及其分配过程中,地位很重要,作用也很直接:政府首先作为征地主体征收集体所有的土地,并按照标准给予征地补偿,或者作为收购主体(土地收购储备)收购城市建设用地,并进行拆迁补偿;然后作为土地出让主体,出让国有土地使用权,获得出让价款。政府直接在这一征地—出让过程中,获取一次分配,并实现数额可观的土地收益,被广泛称为"土地财政"。支持这一做法的观点认为,政府实施土地出让是土地公有制使然,且土地增值源于政府实施的基础设施建设和规划管制决定的用途改变,政府应该起着主导作用;反对的观点认为,政府通过征收或拆迁,剥夺产权主体的合法利益,不利于保护产权,且通过土地出让直接参与一次分配,追求土地财政最大化,导致城市过度扩张,土地利用浪费,乃至耕地保护失控等。正是这些不可调和的争议,决定了如何从理论上认识土地增值及其收益分配关系的重要性。

构建"两型社会"①旨在具体贯彻落实科学发展观。反映在经济建设中,就要求经济发展必须由过去"高投入、高能耗、高污染、低产出"的模式向"低投入、低能耗、低污染、高产出"的模式转变,经济增长方式由粗放型向集约型转变。而土地作为一种稀缺性资源,同时又是支撑经济增长的重要因素之一,必然要求其节约集约利用以满足经济持续发展的需要必须通过相应的政策手段措施来提高土地的利用效率和产出效率,以最大化发挥土地资源的承载和生产功能,最大限度地支持经济发展。

---

① 两型社会指资源节约型社会环境友好型社会。

8.3 城市土地和空间分层出让方式存在的问题

城市要实现绿色发展，土地依然是最重要的资产，依旧是地区关键性的生产资料，中国地方政府通过控制土地配置来经营城市，实现了普遍的经济增长。而其中与城市开放空间和交通系统无障碍联结的地面层及近地面层又是最宝贵的。未来，政府和市场主体合作进行土地开发运营将是重要的城市可持续发展模式之一。而既往的土地出让方式往往是地块整体出让给开发商或进行部分垂直分割，政府获得的公益性地块或项目与开发商开发的项目比邻而居，占据地块一角。

这样的出让方式往往会有如下问题：

（1）随着城市公共资源的不断投入，政府无法持续获得核心地块的土地增值；

（2）城市最宝贵的地面和近地面层被分割，公共空间和城市公共配套设施无法形成有机整体，用地不集约，政府也没有合适的手段进行优化或干预；

（3）随着城市的演变，地面和近地面空间的功能往往很快就无法适应时代和公众需求，但因政府没有整体控制，功能无法适变和调整，形成大量城市灰色空间，城市整体的价值无法最大化；

（4）出让空间使用形式单一，对空间和地下使用限定不清。由于在合同中没有明确的界定，仅规定容积率和建筑高度，土地使用权出让期内地上、地下的开发利用权统一将归土地使用权所有者。土地使用权所有者如何使用土地和是否集约利用土地无法在后期的审查中予以要求和限制，甚至于未来土地的再利用，均受到土地使用权所有者的牵制，极大地造成了土地资源的浪费。这一现象已在现有城市旧区的挖潜改造中体现出来。而随着经济的发展、技术的进步，城市建设的延伸，土地资源的稀缺，使土地的地下和空中再开发成为必然趋势，由于现时土地使用权出让时对于空间使用的界定不清，土地的再开发利用难以进行。

同时现有的土地出让方式因其自身的属性会有如下问题：

（1）招标方式出让土地使用权采用的是综合指标对投标者进行衡量，比较全面，但是由于综合指标体系是由土管部门人为设定的，而且透明度不高，容易形成政府官员与投标者之间的"串谋"。同时，招标出现的"囚徒困境"，也容易使得开发商之间形成"串谋"。在现实经济中开发商之间采取共同开发、货币补偿等"合作"方式私下操纵土地的招标价格现象也屡见不鲜。这不仅扰乱了市场经济的秩序，也不能对土地资源进行合理地配置。

（2）挂牌方式出让土地使用权具备了拍卖和招标的优点，是近几年逐渐采用的一种出让方式。它在出让过程中要审查土地投标者的综合条件，如资质、业绩银行信用等，这样对出让土地的开发奠定了较好的前提。挂牌出让方式的市场化程度也较高，能为政府实现土地价值最大化的目的。同时，它不同于招标的一次出让，挂牌可以让竞价者在指定时期内多次出价，区别于拍卖出让，竞价者更加理性，能够经过一定时间的考虑慎重出价。但由于挂牌时间较长，挂牌也可能会出现"囚徒困境"，竞投者之间也会产生串谋，采用共同开发、货币补偿式"劝退"等行为使得出让价格低于市场价格。

（3）在我国，无论采用何种土地出让方式，在通过初步的资格审核以后，最后确定的中标人均是出价的最高者，即基本上都是遵循"价高者得"的原则。在可持续发展的目标下，政府的职能不应该是单纯地追求经济利益最大化而应该转变到追求经济、社会、生态等综合效益的最大化。不考虑其他的因素如开发商的实力、履行诚信的能力、整体规划方案的科学性与可操作性、建设周期以及开发项目对城市规划的贡献等，只以"价高者得"为唯一衡量标准，极易产生许多弊端。

（4）土地资源是一种稀缺资源，在现有的出让方式主导下，价格成为其唯一的决定性因素，开发商之间的竞争就集中在资金实力上，必然引发开发商不理性的竞争，地价上涨也将不可避免，地价上涨必然大幅度提高房价，最终都要摊到购房者的头上。地价上涨还会大面积冲击房地产市场，首先是与这一地块相邻的楼盘，会受其影响而纷纷涨价，然后再向四周辐射。同时，房价的大幅上涨又造成大批流动性资金流入房地产产业，这些流入的资金会加入土地资源的争夺中，再次加剧地价和房价的上扬。而且因为房地产本身的特性，其推倒重来成本巨大，几乎不可行。这就使得"价高者得"的唯一标准导致的资源配置错位，将会带来不可修复的恶劣影响。

8.4 城市土地和空间分层出让模式

基于以上问题，提出探索土地空间分层出让模式，承载并适应未来城市发展。要点如下：

（1）立足于摒弃短期利益，采用有利于生态导向、公众利益导向、城市可持续发展导向的综合土地出让方式，全面植入生态要求，以适应新的城市发展需要。

（2）把每个街区看成一个生态单元，考虑其时空维度的完整性。在空间维度上，强调土地立体混合开发，构建联通的公共平台，政府整体掌控地面和近地面空间（如0~9m空间，可实现3+3+3、4.5+4.5、3+6等多种分层组合）；9m以上空间可按地块特性出让给市场主体。具体空间高度可根据地块特性调整，一个地块可以多个空间管控高度组合。在时间维度上，强调事前承诺并考核典型空间典型年限的绿色要求和控制值，以结果导向，结合日益成熟的智慧社区监测和感知系统，探索土地出让和项目落地与绿色发展水平挂钩，在土地功能确定和出让过程中引入能耗、绿建、碳排放等考评指标，确保产业引进、项目绿色生态建设等按规划和承诺实施，真正实现绿色智慧城市的有效控制和动态管理。

（3）城市公共配套设施可集中配置，实现充分共享和集约用地。举例来说，社区服务站、文化活动站、社区卫生服务站、居委会与街道办、部分类型学校、托儿所等大量功能空间均不用独立占地。通过初步估算，将能节省土地5%左右。以目前正在规划建设的雄安新区容东片区为例，此模式可节约用地约200万m^2，如将节约的土地用于产业，年增加产值税收60亿~100亿元（以中关村产业园区单位税收30亿元/km^2为基准）。

（4）在满足城市规划强制性要求和公众安全的前提下，允许部分空间随着时间的演变灵活可变，以适应未来空间功能的调整和优化。政府可以根据城市发展的需要，配套全龄友好的城市和社区功能，构建面向不同负担能力人群的创业、就业、不同年龄段和家庭成员住房保障、生活服务设施等，使其成为城市可持续发展的基石。既往政府忽视或无法提供这样的空间时候，市场只能野蛮生长，形成品质差的城市灰色空间。而提前规划、绿色植入、管放结合的方式，将让城市灰色消极空间变成为绿色活力空间。

（5）分层出让土地空间，合理利用土地，达到土地和空间的集约化。随着科学技术的发展与信息社会的到来，城市用地与建筑物在性质和使用功能上的兼容性越来越强。多功能、综合性已成为土地利用和建筑活动空间组织与设计的一种趋向。城市空间的相互渗透与流动，使土地在三维空间上的利用成为可能。建筑向高空发展、向地下发展的技术相当成熟。在土地出让时明确提出地下使用权和高空使用权，鼓励土地使用权所有者向高空和地下发展：如近期无法实现向高空和地下发展，出让时将其高空土地使用权和地下土地使用权剥离出来，再行出让给其他有意向的建设单位或建设为城市公共空间。通过高空土地使用权和地下土地使用权的划分，最大限度地实现土地的空间价值，比简单化的土地集约利用更具有空间属性，为城市未来发展留有空间和余地。

8.5 城市土地和空间分层出让优点

分层出让方式适用于城市核心地区、优质景观和文化设施周边区域、轨道站点周边区域、混合型街区等。

相对于传统的出让方式，土地分层出让的出让方式有以下优点：（1）城市地面层属于全体城市市民；（2）政府可以持续获得核心地块的土地增值并反馈给城市；（3）政府城市公共空间和城市公共配套设施非常容易形成有机整体；（4）节约城市用地；（5）系统体现政府"管"和"放"的结合，城市灰色消极空间变成为城市绿色活力空间；（6）空间功能可适应激变的时代和公众需求，城市整体的价值可以不断优化提升。

当今社会科技飞速发展，城市建设和管理者应科学地制定城市发展目标，利用各种有利机制和合理政策，合理配置各种城市资源，使之公平、合理与高效。控制城市土地使用和空间利用的模式，以对城市发展的时空次序做出合理的安排与调控，使城市逐步由低级向高级发展，由粗放型向集约化转变。这就是城市建设与发展的可持续发展之路，也是城市规划与建设的集约化之路。

第9章 以保障型合作建房模式促进建房效率和住房公平

本章作者：方敏

保障房建设是我国解决城镇中低收入家庭住房困难有效措施，它在加快社会资源再分配的公平，保障和改善民生，促进经济社会和谐稳定和健康发展等方面发挥了重要作用。按照发达国家的经验，当保障房数量占全社会住房总量的一定比例时，政府才能有效应对房地产市场价格变化和住房困难问题，才能实现真正意义上的住房公平。但是，我国保障房建设量逐年增加却并没有对整个房地产市场起到"定心丸"的作用，甚至出现了一边是大面积房屋的空置，另一边是老百姓住无所居的矛盾局面。究其原因，是我国住房市场结构失调，保障房供给方式单一，保障房的建设质量和数量远落后于商品房的发展速度，难以满足广大中低收入家庭对住房的需求。

这种外部性导致的市场失灵，特别是低端住房市场存在较严重的市场失灵，为政府干预住房问题和调控房地产市场提供了依据。而推行保障型合作建房模式，是以较低的成本，建造更好更多的房子来满足更多中低收入者的住房需求，不仅增加保障房供应主体，提高保障房生产要素的效率，也是当前调控和稳定房地产市场的一个重要手段。

作者简介

中国社会科学院研究生院博士，国家信息中心博士后。现就职于城乡规划建设管理部门，研究兴趣为区域经济学、城乡统筹发展和城市规划。

9.1 现行保障房建设政策失效分析

房地产市场的不稳定,对我国经济发展和社会稳定产生重大的负面影响。房地产市场的调控已成为我国改革开放40年中决策难度最大的问题之一。决策难度就在于房地产市场的公平与效率,对效率的追求就不可避免地产生各种不平等,对公平的追求亦造成效率的低下。改革开放以来,我国住房市场的基本指导方针就是"效率优先,兼顾公平",即商品房由市场主导,保障房由政府主导的双轨制。其理论依据就是将住房视为可交易的、有价值的一般性商品,即住房市场的发展遵循自由竞争、自由交易、自负盈亏的市场化操作,并认为这种"自由"是住房市场资源有效配置和价值规律正常发挥的前提条件,只要经济的自由度和住房市场效率的提高便能促进住房市场规模扩大,进而实现增进民众的住房公平的目标。但事实证明,尽管我国每年新开发的商品房占全球40%以上,但价格却一直勇攀高峰,远远超出了普通民众的承受能力。

政府主导的保障房建设是计划经济思维方式下的产物,具有"他组织性",其特征是自上而下地强制性和指令性。政府大包大揽,从要不要建,建多少,建哪里,怎么建,都由政府自己说了算。从系统论来分析,系统在运行中的细节和步骤均要被外部指令严格控制,它的组织化不是自身的自发和自主过程,而是被外部动力所驱动的组织过程或结果[67]。这种模式无法充分认识并遵循保障房建设的自身规律,保障对象对住房质量的诉求、开发单位对利润的诉求、地方政府对税收的诉求以及中央政府对社会稳定的诉求各不相同,人为地、强制性地把系统要素的利益诉求合为一体,扼杀了利益主体独立自主的生机和活力。

评价计划性产物的有效性主要由两个条件决定:一是"全息性"条件,即政府掌握了全社会有住房需求的信息;二是"全益性"条件,即政府集中了完全可以代表全部个体的利益。显然,以政府为代表的保障房投资方是无法同时满足这两个条件,甚至连其中一个条件也难以满足。保障房建设涉及千千万万个不同的主体,各主体间的差异存在着利益诉求的千差万别,其复杂性和动态性难以精准量化。由于政府掌握信息能力的局限性,难以获取和处理保障房建设中的全部重要信息,就无法统一代表全部个体的利益。最终,其决策必然包含了大量的非理性成分。

在经济系统中,正确的价格是说明资源稀缺性的重要参考,这是因为相对于人的无限欲望，一切的资源都是稀缺有限的。在他组织住房保障建设模式下，政府作为建设主体和生产者，可以低于建设成本出售给保障对象，让保障对象获得便宜；如果高价建设了房屋，国家又以补贴的形式低价出售给保障对象。可见，他组织指令下形成的保障房价格对保障对象来说敏感度极低。由于这种价格系统的错误，各利益主体无法有效识别正确价格，使得有限的资金投入到低效率的保障房建设，导致保障房系统内各要素的情况不断恶化。换言之，他组织指令下的住房保障建设模式违反了系统自组织形成的内在要求，也违反复杂系统非线性作用的本质，使得住房保障建设模式成了人为的、被动的且低效的他组织过程。

同样，政府的大包大揽造成了市场与政府界限的模糊。政府做了市场该做的事，也是自己最不擅长的事，"政府之手"过度干扰市场的自我调节功能，使各环节都在低效率基础上建设保障房。这种他组织过度的现象，自然地造成了我国现行保障房建设无序发展、内生动力不足、寻租严重以及经济社会发展不协调等诸多困境[68]。

9.2 我国保障房建设存在的弊端

1. 供需困境：资源错配，空置率高

第一，保障房项目的土地出让金收益少，地方政府客观上没有动力规划足够数量的保障性住宅用地。面对保障房需求的增加，政府作为单一的保障房提供者，在供给数量与质量上远无法满足需求。对于需要适应这种严重的短缺，保障对象唯有通过长时间的排队、降低偏好和增加成本来争取住房保障，这与住房福利保障的初衷相违背。同时，政府作为保障房的供应方几乎感受不到来自扩大保障范围而改进房屋质量的内部压力，从而延滞了供给的有效调节。由此可见，他组织下政府和保障对象双方产生了相互推动短缺的恶性循环。

第二，现行的住房保障制度定位模糊，是保障居住权还是保障产权定位不明确。保障中低收入群体的居住权是我国住房保障的初衷和目的，但国家政策并没有明确经济适用房属于保障房还是商品住房，争议颇大。地方政府对建设保障房的理解不一样，有的侧重保障房的社会保障性，有的则侧重保障房的商品属性。更有甚者，一些地方政府直接将保障房的建设和分配交由房地产开发商全权负责，政府补贴直接落入

开发商囊中，中低收入群体的住房福利不但没有得到保障，反而增加了社会不公，引发一系列社会矛盾。

第三，保障房建设指标自上而下由国家下达省里，省里又与地方签订责任状，地方官员政绩与保障房建设挂钩，以严格的问责制来确保地方政府完成保障房建设任务，任务完成不了就处罚。个别领导为了出彩的政绩，对建设项目研究论证不充分，以致保障房建成后无法满足中低收入阶层的实际需要。还出现开工之时声势浩大，建成后却不管后续工作，形成"重建设轻管理"的虎头蛇尾局面，建好的房子大量的闲置着。其问题的根源出在"数字出官"的畸形政绩观。

除此以外，一方面是保障房单体体量过大与选址区域的城市功能配套薄弱之间的矛盾突出，也造成了保障房分配滞后。中低收入群体存在收入、工作地、居住环境等偏好不同的差异性，保障房的供应不能很好地与中低收入家庭的住房需求匹配，其区位设置、户型设计、供给数量，完全从政府的供给端出发，造成了经济效率上的损失。政府谋求自身利益，更倾向于将优势地块规划为商业开发，而将交通不便、配套设施不足的市郊劣势地块用于保障房开发，保障房配套的水、电、路、菜场等基础设施建设自然地严重滞后。保障房面向的中低收入家庭有很大一部分是孩子处于学龄阶段的中青年夫妇，而保障房的学区配置不佳，无法满足孩子就学的需求。而不少中低收入家庭的工作地点位于市区，来往工作不便，一些中低收入家庭不得不出租保障房，转而在市中心租房居住，造成保障房入住率低，陷入"区位越差—配套设施薄弱—居民入住意愿下降—配套设施运营不足—空置率越高"的恶性循环。河南新乡市因基础设施不完善，达不到入住条件等原因，5543套保障房只分配了2034套，空置一半以上。国家审计署公告显示，2015年贵州、湖北、江西、吉林、河南5省累计共有5.75万套保障房空置。

另一方面，保障范围限定过窄是保障房闲置的一个重要原因。对于中低收入家庭的定义国家从政策上一直没有明确的标准，即使地方政府出台了相关的划分，也缺乏实际可操作性。由于经济适用房保障对象界定的模糊，部分经济适用房分配上出现保障对象错位问题，导致建好的保障房无法分配。江西省南昌市2014年共竣工近3万套廉租房，未分配数2万多套，占到总数七层。吉林省也因未按规定将就业无房职工等人员纳入保障范围，造成已竣工929套保障房因准入条件申请人不足而未分配。

同时，政府部门以行政手段掌握的中低阶层信息有限，仅能通过几项简单的指标划定保障对象，且受制于行政人力物力成本，无法对保障住房群体中每一个家庭精确统计住房需求、住房区域和购买能力。对于保障对象的购买能力，更是缺乏健全的评估机制。由于个人征信制度、征税制度、财产申报等相关制度不完善，国家和地方无法及时了解保障对象的数量，保障房建设的规模和规划同样缺乏有效的数据支持，难以从需求端确定保障房建设量，存在着拍脑袋决策，随意性大。这种不对称的市场行为造成供给无法自动地及时自我调整以适应来自需求方的信号。最终，增加了保障房准入、分配和退出等运行环节的监管难度。

2. 融资困境：投资机制僵化、资金筹集难

《国民经济和社会发展第十二个五年规划纲要》提出，在"十二五"期间建设3600万套保障房，总投资接近5万亿，使全国保障房覆盖面达到20%左右。2015年，各级财政用于保障性安居工程支出4881.01亿元，同比增长11.3%。资金使用情况看，各类棚户区改造支出1582.04亿元；公共租赁住房（含原廉租住房）支出1442.51亿元；农村危房改造支出528.43亿元；保障房租金补贴支出52.52亿元；其他支出（主要用于配套设施建设）1275.51亿元[①]。如此庞大的保障房公共支出，给国家和地方政府带来巨大的财政负担。

一方面，保障房建设投资体制僵化，资金来源过于单一，融资手续繁复，不仅制约了资金的来源渠道，也影响了资金的投资效率。市场资金、社会组织受政策及产权界定等因素影响，难以大规模介入保障房建设中。建设的资金来源主要由中央财政补贴和地方各级政府的资金投入。在这种体制下，保障房建设资金始终受到各级政府财力限制。另外，保障房建设投资周期和资金回收周期长，地方政府对国家开发银行政策性贷款依赖性较高，而授信和贷款额度与开发投资额相比存在较大差距，资金压力得不到有效缓解，造成国家和地方政府承受巨大的财政赤字压力，也影响和制约了政府对其他民生事业的投入。

另一方面，政府既要无偿划拨土地，又要提供资金建房和进行投资配套基础设施建设，更要长期负担未来房屋保养和维修的费用，所需资金庞大且占用周期长，难以形成建设资金投入和产出的良性循环，可持续性差。这种大规模的保障房投资建设无疑给地方政府造成庞大的债务压力，迫使地方政府又不得不进一步地依赖于土地财政

---

① 财政部. 2015年财政支持保障性安居工程情况.

收入来平衡。

3. 建设困境：房地产企业参与动力不足，工程偷工减料

政府行政划拨保障房建设用地，通过招投标方式委托房地产开发公司开发建设，形成公共产品民营化特征。政府对土地市场的绝对垄断，使得这种垄断的权利传递到房地产开发公司。房地产开发公司拿到土地后，又将建安环节外包建筑商，产生新的垄断，房地产开发公司实质上只是一个中间商。那么，他们同样面临和公共部门一样的低效。由于第三部门等社会组织发展滞后，市场化力量薄弱，没有打破保障房建设垄断供应的市场结构，难以真正实现市场化运营。因此，这种民营化的保障房建设毫无意义。

其次，保障房直接投资往往收益率较低，净利润仅在3%左右，而商品房开发净利润通常在15%以上。目前，国内房地产企业之所以参与保障房建设主要受到间接利益驱动，比如：（1）通过一二级联动获得二级开发权，多见于棚户区改造项目中；（2）通过参与配建项目实现低成本拿地，弥补保障房低利润的损失；（3）通过销售保障房地块上配建的商品房得以盈利；（4）低价获得并投资开发保障房项目中配建的商业地产出售；（5）改变土地用途，参建保障房中将自有工业用地性质变为住宅用地以获利；（6）通过建设保障房，提升市场占有率和影响力，塑造富有社会责任感的品牌形象；（7）获得融资优惠；（8）保障房项目优先级高，有利于加快企业项目的行政审批[69]。由此可见，房地产企业参建保障房是缺乏直接的利益驱动。

另外，保障房项目超算超期现象严重。行政任命的项目业主在建房过程中有较大的决策权力。根据尼斯坎南的官僚预算最大化理论，官僚具有追求预算规模最大化的特征。预算越大，支出越多，官僚们的效用就越大。可见，官僚效用的增加是以社会总效用的损失和资源浪费作为代价。为了增加保障房利润，建筑企业不得不通过规模化生产、降低配套设施、紧凑设计等方式降低成本。道德信誉缺乏的企业，则通过偷工减料，降低施工质量等手段节约成本。海南省审计厅在对省内保障性安居工程审计时发现，全省有24个保障房项目存在偷工减料、以次充好现象等，其中有770套住房出现墙体开裂、顶棚渗水等影响结构安全和使用功能的质量缺陷①。

---

① 新京报. 4省空置5万套保障房海南24项目偷工减料. http://finance.sina.com.cn/china/20130808/023916379359.shtml.

针对以上问题，为提高保障房质量，部分地方政府出台措施，对每间保障房的装修成本做出了下限规定，并对使用的品牌给出限定，但其结果是进一步加重了开发企业的成本负担，使房地产企业参与建设保障房的积极性进一步降低。

4. 监管困境：监管成本高，寻租严重

约束机制失效。保障房建设中投资决策权和项目管理权都是政府行政任命的官员或行政代理人负责，这种人事任命制度从根本上决定了项目业主的决策主要是对上级领导负责，不是对项目的目标负责。项目一旦以政绩效应为导向，为实现更多的政绩必然包含较多的非理性成分，做出的决策无法保证其科学性。更重要的是，只对上级领导负责的行政约束是一种软约束，难以形成实质性的约束机制。

寻租严重。由于保障房建设限定的利润率低，房地产企业为获得利润最大化，在保障房建设的建材用料、设计施工、装修质量和节能性能等方面都大打折扣，客观存在减低建筑质量和偷工减料的动能。最终，为通过政府验收易造成收买政府官员等行贿行为。高度稀缺的资源和巨大套利空间形成了大量的寻租行为，腐败问题难以杜绝。政府为监管建筑质量，出了一系列政策文件对安居工程进行定期或不定期的检查，付出了高昂的行政监督成本。2013年8月，国家审计署对保障房腐败的规模做出了估计，约58亿元人民币的保障房资金被挪用，利用不实资料、以不公平手段获得保障房的达11万户。

住房分配对象确定难。各地保障房均有不同程度的开工易、分配难的情况。地方政府掌握的信息非常有限，而住房分配涉及民生，备受瞩目。部分地方政府担心不符合条件的家庭得到保障房而受上级批评和承担舆论压力，宁愿让保障房空置。尽管地方政府在经济适用房的公平分配上做了许多努力，但难以做到完全公开透明的操作流程，以致开奔驰宝马住经济适用房、200多平方米的大户型经济适用房和摇号暗箱操作等新闻不绝于耳。

住房分配信息公开困难。住房分配信息涉及个人隐私等多方面内容，公开的程度、范围和方式难以确定。信息公开难，地方上尽量不公开、少公开，这为保障房分配时暗箱操作、惠及权贵提供了机会。保障房价格比商品房低很多，保障房成为一些政府官员、公务人员利益输送的通道，隐蔽性强，难以监督。2014年，在郑州市房管局原局长翟振锋腐败案中，开发商上交至郑州市经济适用房管理中心供"摇号"或"轮候"的房源仅占总房源三分之一，翟振锋通过权力为自身谋取利益，实际控制了20套房产，

最终被判处25年。政府内部腐败隐蔽性强，而监督政府内部人员的腐败问题，需要纪委、法院、检察院等多头齐下，行政成本高昂。

最后，保障房分配后的管理难。确定住房分配的对象和范围、公开信息已经相当困难，在保障房分配完成后，如何对保障房群体进行动态管理，定期更新信息，完善保障房退出机制显得尤为重要。从实际管理上看，相关主管部门对此显得力不从心。

5. 脱贫困境：贫富居住分离，不利于就业和社会融合

保障中低收入群体的基本生存权是国家投资建设保障房的初衷，解决住房困难群体就业，提高中低收入群体可支配收入，减少贫富差距。由于保障房的区位选址、住房品质等缺陷，并不能很好地实现这一政策目标。

对房价承受能力的不同，我国已开始出现高收入群体、中等收入群体、低收入群体居住分离的情况，且有愈演愈烈的趋势。因保障房建设对地方政府缺乏内生动力，保障房在供给上缺乏区位、户型及生活偏好等方面的选择，保障对象往往只能被动接受。而中低收入群体存在收入、工作地、居住环境等偏好不同的差异性，特别是中低收入群体具有空间移动能力差的特征，工作地与居住地距离过远，导致通勤成本过高，大大降低了生活品质。

保障房在地理上也加剧了分离化居住的情况，容易导致严重的社会问题。从欧美的先行国家经验看，不同阶层分离居住往往是社会骚乱暴动的温床、导火索和缘由。分析原因有：第一，分离化居住使社区内同质化加剧，低收入者无法通过邻里、地缘关系拓展职业发展机会，不利于个人社会关系网发展；第二，社会对贫民聚集区具有"刻板"的固定印象，降低了雇主对该区域居民的总体评价，不利于低收入群体就业求职；第三，贫富阶层分离化居住，贫富阶层间缺乏沟通交流，加深了群体间的隔阂，不利于不同收入群体间互相认识理解，容易产生偏见和歧视；第四，容易滋生仇富心理及反社会行为。由于群体间缺乏交流和政府没有为低收入群体创造足够的向上层流动机会，容易在低收入群体间出现仇视富人、仇视政府和仇视社会的极端心理。一旦有导火索和热点事件，便借此激发不满情绪，爆发社会骚乱；第五，贫富分离化居住也会导致区域间教育资源的分配不均，影响下一代脱离贫困，使贫困在代际间不断传递，形成穷人越生越穷的恶性循环。由于富人具有更强的教育资源购买力，优质教育资源倾向于向富人区流动。贫民区的教育资源不足，加之儿童在成长过程中耳濡目染了犯罪、毒品等恶习，父

母为生存挣扎无力管束儿童，使得在贫民区长大的青少年往往也走上父母的老路，继续陷于贫穷，使社会阶层代际向上流动性降低，不利于整体社会稳定。

9.3 国外合作建房的经验和启示

合作建房是自组织式的保障房建设模式，符合自组织系统演化的条件和动力机制。一是根据自组织基本特征，合作建房过程中存在着独立的要素，即各个保障对象、参与建房的各类企业、政府等多个主体，利益主体等要素的诉求多样且差异性明显，存在自组织发展的前提条件。二是合作建房系统发展的基本动力并非来自系统外部，而是系统内部，即合作建房过程中开发企业通过相互竞争、社员之间相互协调来达到自身利益的诉求。三是政府作为合作建房的外部控制参量不直接参与或干涉合作建房的具体事宜，这满足了对于系统自组织演化过程中"作为系统的外部控制参量不能向系统内部输入特定的指令"的基本要求。可以说，合作建房是一种高效的保障房建设模式，它的优越性在欧洲最早开展住房合作社时就得以体现。

在19世纪的欧洲，随着工业革命的发展出现了用工需求快速增长，加剧了城市住房紧张。在政府无法保障居民居住权的大背景下，一些中低收入群体联合起来，借助社团的力量来解决自己的住房问题。具体来说，合作建房是以合作社作为组织形式，以建设自住住房为目的进行自我组织。在法律约束和政府监管下，以入股或贷款等方式筹集建房所需资金，通过购买或划拨方式取得土地来建房，最后用合理公平的方式将住房分配给组织成员。它是一种民主决策、信息共享、透明管理、自主维护、封闭运行的非盈利的保障性建房模式。住房合作社的社员还可发挥自身优势参与合作建房中的各个环节，以确保全体社员所享有的各项权益得到有效保障。住房合作社已成为多数国家解决住房问题的主要形式之一，其中德国和瑞典的合作建房分别占其国内住宅总数30%和25%。这都说明这种保障房建设方式有其存在的实际价值，对我国发展住房合作社有着重要的借鉴意义。

以英国为例。英国合作建房的组织为住房互助协会（Housing Association，简称"房协"）和住房合作社（Building Society）。两者的主要区别在于合作建房的对象和与政府关系不同。房协是一个长期受英国政府委托和支持来解决中低收入家庭、弱势群体的住房问题的民间合作经营团体，它由志愿者和支取薪俸的专业人员组成，具有半公共部门的色彩，其业务涵盖了住房储蓄、贷款、建房、售房、租赁、维修与管理等[70]。目前英国约有2000多个住房协会，通过为弱势群体提供低价住房并获得盈利，这些盈利加上政府拨款，用于维持现有的房屋和投资新建房屋（一般建房资金的75%，最高可达80%~90%均来自政府）。房协已成为英国政府与民间合作共同解决住房问题和完善城市建设的机构。

住房合作社则由英国房屋住户组成，每个住户都是有平等发言权和投票权的合作社社员。社员通过选举、管理、投票等方式，共同管理合作社日常事务，决定合作社运营策略。住房管理中的盈余可被用于社区建设和教育开支等方面，共同促进集体福利。最早的永久性住房合作社出现于1844年的英国，名为"罗奇代尔"住房合作社。这一新型的组织包揽了房屋建设运行中的所有事务，从项目的规划设计、资金的募集、住宅的施工到建成后维护管理等。至1862年，该合作社在英国建造了36套合作社住宅[71]。进入20世纪70年代后住房合作社才真正普及发展，目前英国有上万个家庭加入了住房合作社。鼎盛时期，英国有数百家住房合作社，截至2015年11月，英国共有44家住房合作社成为英国建房合作社协会（Building Societies Association）会员，其总资产达到了333亿英镑，帮助了290万人拥有了自己的住房[72]。

合作社的组织形式具有自主性、自愿性和自助性，组织成员为了共同的目的，相互协助、相互帮助自愿联合起来进行合作生产、合作经营，体现了自组织的特性。国外住房合作社充分发挥了民众的自组织优势，使未来住户积极参与住房项目的规划、设计和建造等过程中去。通过深入研究，可将西方发达国家发展住房合作社的经验总结为以下几点。

1. 重视住宅立法，保护住房合作社合法地位

总结发达国家住房合作社的发展，最重要的一点是重视住房立法。这些国家均形成了完备的住宅法律体系，既包括宪法、民法等综合性法律中关于住宅的条文，也包括针对合作建房的专门性法律。在法律上给予住房合作社合法地位，规定了住房合作社以何种地位参与住房市场，使住宅合作社的成立、运行和监管都有法可依。法国于1894年颁布了《住宅法和低造价建设法》，在第2卷第一篇第3章和第4卷第一篇第3节对住宅合

作社也做了相关规定。德国在《合作社法》第162节专门对住房供给合作社做出规定。日本在1966年制定了《日本勤劳者住宅协会法》，是日本的住宅合作社法，要求政府减少干预，保证了住宅合作社的独立性。

住房立法还规定了住房合作社的章程、基本活动准则、机构设置，明确了住房合作社受哪些政府部门监督，监督程度如何。英国《住宅合作社法》中规定英国金融服务署（FSA）对住宅合作社拥有监管权，对住宅合作社成立的目的、地点、章程和财务管理状况进行监管，人事变动也要向金融服务署进行报备。

住宅立法通过对税率、建筑要求的具体规定，起到了鼓励私人投资合作建房和引导社会资源有效配置的作用。德国20世纪50年代的《住宅建设法案》，对合作建房提供援助和减免税收，60年代颁布的《联邦建筑法》和70年代的《城市建设法》，对住宅、交通、绿化等方面都做出了具体的规定。英国1972年的《住宅金融法》使住宅协会获得出租住宅补贴、公平租金和租金补贴计划。

2. 税收和金融政策上给予扶持

有效发挥住宅合作社合作建房的作用，离不开政府的财税支持和金融优惠政策。政府与金融机构普遍通过较高的储蓄利率吸收大量社会闲散资金，同时以低息贷款的形式鼓励合作社发展。

一是在税收方面，为鼓励合作社发展，发达国家出台了针对住宅合作社的税收优惠，且种类繁多、手段多样，如减少税收、免除税负、加快住房折旧、抵扣所得税等多种形式。德国为鼓励合作建房，对合作社采取减少所得税、财产税、土地转移税和交易税等税收优惠政策，并加快折旧速度，以此调动合作建房积极性。日本对住宅合作社施行税收优惠，免除法人税、注册税、印花税等。

二是在补贴方面。各国采取了补贴供给端和补给需求端的政策路径解决住房问题。英美等国主要通过补贴供给端来鼓励投资合作建房，如英国住房协会获得中央政府的住宅保障预算资金的支持，而瑞典等国主要补给需求端，对合作社社员进行补贴。

三是在金融方面，设立住房储蓄银行。住房储蓄银行是瑞典、德国等国普遍采用的一种住宅金融辅助手段，不仅调动居民储蓄建房的积极性，也减轻了政府的财政压力。稳定的资金来源、完备的金融政策和社会资本的共同参与是快速促进了住房合作社的发展的重要条件。一些国家的住宅合作社就是在互助性的金融机构基础上发展起来的，日本规定住宅金融公库对住宅合作社负有融资义务。为鼓励居民参与住宅储蓄,德国等还普遍实行储蓄奖励政策。此外,德国政府还是合作社社员银行贷款的保证人。除了非营利性政策性的住宅储蓄银行外,以英国为代表的不少国家还鼓励商业性金融机构进入住宅金融市场,根据居民收入水平和偏好为居民提供服务,为住宅合作社提供长达20～25年的低息贷款,更好地满足了不同居民不同层次的贷款需求。

3. 政府引导与监督

虽然政府不直接参与住宅合作社的建设和运营,但在指导和监督合作社的建立、运营和发展等方面都发挥了重要作用,使住房合作社管理有章可循。

第一是出台法律法规、指导意见等。如前所述,英、德、法、日、瑞等国都有专门的住宅合作社法。

第二是设置专职的管理机构。英国等国都通过法律形式,将监管责任落实到具体的政府部门,对其职责内容、监管范围、监管形式都进行了细致的规定,如金融服务署在监管住宅合作社方面起到了重要作用。

第三是在土地供应上提供优惠。住宅合作社属非营利性机构,除瑞典外,几乎所有国家都在土地供应上对住宅合作社给予政策倾斜,如德国向住宅合作社提供价格低廉的土地。日本将保障性住宅的土地选址于交通便利地区,并提前对周边配套设施进行规划。新加坡、瑞典还在控制地价涨幅上做出了许多努力。

第四是建筑标准。住宅合作社作为房地产市场的重要部分,并不意味着面向中低收入者的合作社的房屋质量要比市场化住房质量差。为防止这一现象发生,各国对房屋建设标准及配套都有严格的标准和要求。建筑标准上进行有效规范和监管,一方面有利于保障合作社社员的权益,如日本作为一个地震多发国家,对建筑的抗震要求标准较高;另一方面还有利于推动建筑绿色化、环保化、低碳化的发展。日本、德国等发达国家在这方面非常重视,德国政府提倡科技、环保、节能、生态的建筑理念,有助于建筑业乃至全社会的可持续发展。

4. 充分发挥民间自组织优势

住房是居民的生存空间,它与社会活动、生活方式、职业区位以及经济承受能力有着密切联系。和传统的政府大包大揽保障房建设不同的是,住房合作社所开发的保障房不存在供求不一致的问题,它是按需生产的定制模式,实际上是以尊重居民对住房需求的确切要求来确立的。合作建房提前确定了未来住户，住户对于家庭住房需求有充分的认识并融入住宅的规划设计方案。通过召开会议，了解住户需求，在设计初期就提出要求和建议，及早统计数据并反馈给建造商。最后，以民主协商、民主投票和民主表决的方式，决定合作建房项目的总体布局和详尽规划的细节。

住房合作社的成员在规划过程中有充分的选择权和决定权，未来建成住宅的布局、环境、类型、配套、户型结构都能更好地满足社员的真实需求。社员可参与项目规划设计、协商，有利于建立住宅合作社内部紧密的社交关系，有助于增强住宅合作社成员集体认同感和熟悉程度，使相互之间了解个人才能和品格，为未来入住后成立业主委员会，对小区进行自我管理和自我维护，建立和谐的邻里关系和社区治理环境都打下了坚实的基础。

在项目建成后，住宅合作社的开支、管理、维修、绿化等费用需要共同承担，而物业租金收入有助于增加住宅合作社进项，提早还清贷款，这加强了成员的主人翁意识，调动了合作社后续经营的积极性。在资金使用方面，住房合作社对社员集资的建设资金负责，每一笔款项支出接受监督，可降低腐败滋生的概率。

由此可见，社员申请加入某个住房合作社是根据家庭生活的实际需求来全盘考虑的结果，这不仅仅是物质条件的满足，也是消费心理的需求。

9.4　我国发展合作建房的难点分析

1. 缺乏法律明确的开发主体，法人地位不明确

我国合作建房只有短短几十年的摸索经验，面临的发展瓶颈主要由住房合作社的法律地位不明晰引起的一系列连锁效应。我国既没有制定一项针对住房合作社的法律将住房合作社纳入管辖约束范围进行规范，也没有在现有法律中对住房合作社的法律主体地位进行定位和解释。1992年建设部颁布的《城镇住宅合作社管理暂行办法》不足以确立个人合作建房的合法性。同时，随着时间的推移，该办法已无法应对时代变化，难以指导当下合作建房的发展。

现行法律制度下，住房合作社既无法注册成非盈利性的公益机构，也无法注册成公司。公司的营利性目标和住房合作社的非营利性目标相互矛盾。根据现行《民办非企业单位登记管理暂行条例》的规定,"如果在同一行政区域内已有业务范围相同或者相似的民办非企业单位",登记机构不予登记,这导致一个区域内只允许一家非营利性的合作建房组织存在。另外,根据《公司法》规定,有限责任公司股东上限为50人,若有更多人参与合作建房,则无法享有股东权益。并且,注册为公司,则增加了税收成本,税负开支势必增加合作建房成本,建成后的盈余归属也同样存在疑问。如通过委托建设的形式,将项目整体委托给专业房地产公司建设运作,将产生管理费、利润、税收等一系列费用,难以达到保障房降低成本的目的。

法律上的缺位直接影响项目开发资质问题,而开发资质是土地招标的主体和前置条件,开发资质往往是土地招标的前置条件或被赋予较大权重,缺乏开发资质就会在项目启动和运作中遇到诸多困难。

2. 资金风险大

首先,合作建房存在非法集资的风险。根据住房城乡建设部、监察部和国土资源部2006年联合颁发的《关于制止违规集资合作建房的通知》,明确规定"不得对外销售集资合作建成的住房",对外销售集资合作建房所得将被视为非法所得将被没收,并追究当事人刑事责任。个人合作建房项目随时有被判定为非法集资的风险,易触及法律红线。

其次,资金筹集风险。个人合作建房需要筹集大量的资金,而合作建房的参与者以普通工薪阶层为主,资金承受能力有限,难以快速筹集到大规模资金。从北京于某罢合作建房屡次失败的案例看,其芍药居等多个项目都是因为无法在短时间内筹集足量资金,导致拿地失败。

再有,资金监管风险。在广州魏某收购烂尾楼项目合作建房的过程中,合作建房组织在银行开设托管账户和使用对公账户,但在几次实践后发现托管账户和对公账户的交易非常繁琐,每次退款都需要由公司开具支票,再由会员持支票到银行兑换,后期为资金周转方便,会员直接将资金转入魏某的个人账户,退款也采用"私对私"的方式。资金周转通过银行托管账户则手续繁琐,通过组织者个人账户虽然快捷但资金风险大,完全依赖于合作建房者对组织者个人的信任。由于缺乏合作建房规范流程以及资金监管的相关法律和文件,合作建房拿地和建安资金动辄数亿,若难以得到权威且有效的监管,这些资金都将存在缺乏有效保护的风险。

最后，资金使用风险。一旦发生意外风险或项目实施过程中投资决策失误，合作建房参与者可能蒙受资金损失。从各地的实践看，由于合作建房地位不明，易受到更多的干扰，难以按期竣工。温州"××佳苑"项目历时6年，参与者的资金在时间上的使用具有较高的成本和风险。

3. 产权及法律纠纷问题

住房合作社不同于一般房地产开发公司，是一个非专业又缺乏监管和规范的组织。在建房过程中，因采购、造价、分配、公摊及后期管理等问题容易产生纠纷，导致项目延期或难以执行。即便顺利建成房子，产权也难以界定，并存在继承权、相关手续办理、证件办理、后续管理等问题。温州"××佳苑"项目在建房时，建设许可证几经波折，建成后参与合作建房者一直未能顺利拿到产权证，房屋有沦为小产权房的风险。

4. 拿地困难

合作建房项目顺利实现的先决条件首先是要取得住宅用地。在目前的土地使用制度下，难以拿得土地的原因主要有几个方面：

一是在目前以招拍挂出让方式为主的土地市场中，住房合作社资金有限，不具备竞价优势，住房合作社对住房市场价格的预测能力也不及专业性的房地产开发企业。

二是竞争性的土地出让市场条件下，购置土地需要及时决策，依情况即刻追加投资，而住宅合作社民主决策的体制对此形成了约束，难以依靠少数代表决策。

三是开发资质问题。开发资质是土地招投标的前置条件，往往被赋予较大权重。而住宅合作社作为合作建房团体，缺乏此类建筑施工资质，在与开发商竞争中处于相当不利的地位。

四是我国城市土地市场以成片供应为主，还需要一级和二级开发联动，投资大。住房合作社通常规模小，资金少，购置大面积土地远超出了住房合作社的承受能力和社员住房的实际需求量。对住宅合作社的资金提出了非常高的要求。

五是土地区位，住房合作社受资金所限，价格承受能力弱，在预算有限的情况下，只能在土地招拍挂市场上获得区位不佳、交通不便位于郊区的土地，大大增加了通勤时间和成本。以上海钱某辉牵头的上海某筑房地产有限公司为例，拿下的土地位于临港新城，距上海市中心人民广场约80km。

5. 地方政府不作为与既得利益的阻碍

合作建房定位模糊，地方政府如支持住房合作社的发展，有违背中央法律和政策的政治风险，对地方官员提拔只有风险没有短期的益处，因此地方政府客观上有不作为的倾向。另外，根据《城镇住宅合作社管理暂行办法》，住宅合作社土地使用权为行政划拨，会加重地方财政负担，地方政府缺乏支持住房合作社的动机。再者，住房合作社的低价住房势必拉低房价触及开发商利益，房地产开发商与地方政府关系紧密，有游说政府抑制住宅合作社发展的动能。抑或通过抱团，对合作建房组织拿地行为进行狙击。这些都在客观上阻碍住房合作社的发展。北京于某罡牵头组织的蓝城，在拿地过程中，多次受到开发商抱团狙击。在大屯地块的竞争中，被保利地产以高出1亿多元的报价轻松摘牌；在北京市花园北路25号地块的招标中，由于蓝城参与竞标后，多家大型开发商随之参与竞争，地块最终高价被华纺房地产开发公司、江苏恒佳置业有限公司（投标联合体）竞得。

6. 牟利行为难以杜绝

由于合作建房的价格与普通商品房价格差价明显，一方面个人合作建房的组织掌握社员的个人信息非常有限，难以甄别参与人是否纯粹投机而加入；另一方面合作建房无法申请银行贷款，对资金门槛要求高，客观上高收入群体更有能力支付合作建房款项，真正需要房屋的夹心层反而难以加入，存在参与人单纯为房地产投机、转手倒卖而参与合作建房的可能性，缺乏刚性的有效约束。

上海钱某辉牵头的上海某筑房地产有限公司在拿下临港新城土地后，由于2013年9月自贸区成立，自贸区管委会于2014年由外高桥搬到临港新城，带动了临海新城地区房价地价上涨，不少合作建房参与者要求直接出售地块谋取土地增值收益。根据学者朱国玮，莫小景在2008年针对合作建房动机进行的研究显示，27.42%的参与者希望通过合作建房获取高额利润，为投资型动机[73]。

7. 内部组织成本高

合作建房本身是一个松散的组织，其目标难以完全统一。在建房过程中，可能会因土地区位和拿地价格、建筑风格、建筑造价、住房分配、费用分摊等问题产生纠纷。合作建房的参与者人数少则数十，多则上百人，其信任感主要来源于朋友间的组织和推荐，但大部分参与者之间素不相识。要充分了解参与者的经济能力、个人品格、信用记录，保证参与者的合作建房意向，特别是使数百名参与者都相信并支持牵头组织者的号召，都增加了组织的内部成本。如何在这样一个弱人际关系基础上建立合作，对组织管理提出了极大的挑战。在北京于某罡合作建房的案例中，在股东代表和理事选举中，合作建房参与者对规则和法律意识淡漠，给组织工作带来了很大的障碍。其中被选举出的股东代表在工商局有不良记录，还影响了公司注册。后期由于于某罡与万通合作，引起合作建房组织内部成员对组织者的不信任，项目最终流产。

9.5 构建合作建房体系的政策与建议

自组织理论认为，外部环境是系统发生自组织的前提条件。政府虽不直接干预合作建房的具体经营活动，但可以通过政策引导、培育配套产业，提供完善公共服务等宏观间接的手段来发挥政府在合作建房外部环境变迁中的主导地位。也就是说，合作建房要顺利健康的发展，需要营造规范的、便利的、友好的政策环境；出台完善的法律制度和行之有效的政策；得到政府的支持、社会的参与以及企业的配合等。通过这些措施来改善外部环境，促使自组织的合作建房系统有效运行。据此，对促进我国住房合作社的发展提出以下政策建议。

1. 增强民众参与保障房建设的渠道和力度

城市的发展是政府、社会与市民共同推动的过程，也是城市发展的规律。现代城市治理的实践表明，由于政府自身的局限性，仅靠政府一家是难以管理好城市。保障房建设也同样不能只依靠政府来解决所有住房问题。市民是城市治理的重要主体之一，市民参与保障房建设，除了表达利益诉求外，还能建言献策贡献智慧。作为住房的直接受益者，市民无疑更清楚自身的需求及实现路径。

政府发挥主导作用，团结广大中低收入群众、培育社会组织、拓宽市民参与渠道、保障其参与权、知情权和监督权，实现公共价值。同时，充分调动中低收入阶层参与解决住房问题的积极性，特别是要增强外来人员对城市的归属感与认同感，引导他们积极参与保障房建设中来。中低收入阶层要积极发挥主体作用，对保障房建设的重大问题建言献策，成为城市住房问题治理的主动参与者，解决好保障房建设的问题与矛盾，并带动影响一群人，形成全民参与的良好氛围。可以说，没有市民参与的保障房建设将是无木之本、无源之水，政府和市民需要形成共存共荣的新型关系。更重要的是，充分发挥市民自组织参与城市管理的积极性，也是治疗城市病提升居民生活品质效果最好、成本最低的方法。因此，明确支持中低收入阶层参与保障房建设，对于完善保障房体系，提高保障房建设效率意义重大。

著名的社会学家马克·格兰诺维特在他的"社会嵌入理论"中指出，任何社会都是由若干具体人际关系所构成的两种网络[74]：一种是权利和地位平等的人所自愿组成的以信任和合作为基础的横向网络，它容易自我产生合作秩序；另一种是权利和地位不平等的人被组织到以等级或依附为基础的纵向网络，则容易产生投机的行为和心理。中国被称为"人情社会"以及国人常说的"有事找领导找关系"，其本质就是合作秩序横向网络的失效，导致上下级利用垂直型权利关系所固有的投机机会而采取的投机行为。现行保障房建设中存在的问题就是下级政府依附上级政府、开发商和保障对象依附政府所导致的。住房合作社有效地将政府从政治和经济活动中分离出来，成为一个相对独立的领域，社员通过协调、试错和行为修正，逐步建立以行动为连接点，以信任与合作为基础的多元横向网络。社员之间也由不熟悉到熟悉，由弱纽带人际关系变为强纽带人际关系，自我约束和相互监督也由弱变强，社员不会轻易采取不合作行为。

住房合作社是背景不同的中低收入家庭的多元组合，在日常交往中必然因诉求不同产生复杂的利害冲突。按照自组织和他组织理论，当出现意见分歧和利益冲突时可采取内部自我协调和外部强制裁决。分歧双方如能在合作社内相互妥协达成共识自组织协商机制；如双方无法通过合作社内部协商解决，可在合作社外部通过法律法规来强制性裁决，这就是他组织协调机制。从成本和收益来比较，自组织协调机制比他组织协调机制成本更低，收益更高。大多数情况下，冲突双方更倾向于通过合作社这种民间协调来解决冲突和分歧。原因在于，个人的利益依附在公共利益上，社员主动破坏相互的信任和合作关系的意愿弱。合作比冲突收益大，长期合作比短期合作收益大，社员能亲身体验到合作可以在实现共同利益的同时获得更多的个人利益。

保障房质量之所以被大众认为价廉质次的根本原因就在于保障房建设全生命周期中缺少终端用户即利益最直接相关方住户的参与，造成保障房质量和监督的"先天不足"[75]。住房合作社的社员作为保障房的出资方，出于对自身利益的关切，必然积极参与保障房项目的选址和实施方案，对项目施工质量进行专业检验和不定期检查，并在修建过程中与施工方及建材供应商进行充分交涉，防止偷工减料等不良现象发生，可以有效保证将来自己所住房子的质量和安全。

创新保障房建设模式，提高保障房建设效率，关键要改变单一的、自上而下的政府"统揽式"保障房建设模式，采取上下联动的多方共治模式，真正发挥保障对象参与决策、管理、监督的作用，共同破解住房难题，加快形成"政策引导、政府负责、社区自治、公众参与"的保障房建设管理新体制。借助广大中低收入阶层参与，广泛吸纳各方意见，集思广益，才能保障住房问题的解决方案符合民意和经济社会发展的需要，使住房决策更为科学合理。由此可见，由保障对象广泛参与的合作建房便可有效避免政府盲目投资建设、资源错配、内生动力不足、腐败等问题。

2. 明确住房合作社的法律地位

对住房合作社进行立法，明确主体的合法性，制定详尽的法律保护，参与住房合作社的中低收入群体的权益才能得到有效的保障，这是合作建房的前提。借鉴发达国家合作建房的经验，应在法律上明确住宅合作社的法律地位、组织形式、审批程序、资金监管等方面。可以考虑在《城镇住房合作社管理暂行办法》的基础上出台新的管理办法，并经过一段时期的试点实践，在国家层面出台《住宅合作社法》，关键需要把握几个要点：第一，在法律地位上，将住房合作社定性为具备法人地位的非营利性组织，方便住房合作社参与市场活动。其次，明确参与对象的资格，参与合作建房的对象只能是中低收入群体；第二，通过完善纳税机制和资格认定程序来防止富人借合作建房之名牟利，损害保障群体的利益，防止产生新的不公平；第三，进一步明确政府对合作建房负有支持和监督的责任。政府应依据财政情况和地方社会需要，向住房合作社提供土地及税收等优惠扶持政策。将各级的住房和城乡建设部门作为住宅合作社的管理部门，对住房合作社进行指导和监管，为住房合作社的成立、运行提供技术、法律方面的支持，对住房合作社的人事、财政进行备案和监督。

3. 发挥金融体系对住房合作社的支持作用

住房合作社的成员属于中低收入群体，单纯依靠自身收入难以满足建房资金需求。虽然，在《城镇住宅合作社管理暂行办法》中规定："住宅合作社筹集资金的主要渠道是：社员缴纳的资金，银行贷款，政府和社员所在单位自主的资金、其他合法收入的资金。"但事实上我国合作建房的资金主要来自个人，融资渠道单一。为拓宽合作建房的融资渠道，增加资金供给，提高融资效率和项目建设效率，需要建立一套"政府监督、社会参与、市场运作"的合作建房多元化融资体系。住房合作社资金筹集能力有限，离不开专业的银行体系作为金融保障，国家应该在住房金融扶持方面向住房合作社倾斜。

一是以低息贷款或贴息贷款的方式来支持住房合作社建房。合作建房贷款利率应至少低于商业贷款利率2~3个百分点为宜；二是扩大与商业利率差距，并延长贷款年限，贷款期限以30~50年为宜；三是充分发挥住房公积金的互助作用，扩大对中低收入群体合作建房项目的倾斜；四是引导社会资本参与合作建房，有利于发挥社会资本的力量，提高资本利用效率，提升合作建房专业化水平；五是国家有责任承担合作建房机构商业银行贷款担保人的角色，为住房合作社贷款提供贷款担保；六是在国家层面建立住房救险基金、合作建房保险等制度，保障住房合作社财政的持续稳定性，确保合作建房有可靠稳定的资金流，不至于中途停工。

我国可参照德国、瑞典等国的做法，设立住房储蓄银行。作为一种政策性住房金融政策性银行，具有先存后贷、低贷款率、贷款利率固定、政府奖励、专款专用、封闭运作等一系列特点，为住房合作社的发展提供资金保障。十八届三中全会提出要"研究建立住宅政策性金融机构"，也为该政策提供依据，再加上当前房地产市场的上涨压力，住房储蓄银行的设立时机成熟。再者，我国有住房公积金雄厚的资本积累，在住房公积金制度的基础上，设立专业的政策性住房储蓄银行，还可提高住房公积金使用效率，盘活住房公积金。可以说住房储蓄银行可以用较低成本资金缓解中低收入者的购房贷款压力，为"夹心层"的住房消费和保障房建设提供长期低成本的融资。

住房储蓄银行具体措施包括：（1）固定利率。住房储蓄银行是一套封闭运行的银行系统，不受资本市场、通货膨胀等影响利率因素的变化而变化，增加住房储蓄银行的稳定性。设置合理的存贷利率，配合住房合作社制度，向住房合作社发放长期低息贷款，向参与合作建房的个人发放个人贷款，也可吸引社会资金为中低收入群体开展个人住房贷款，但住房储蓄银行发放的贷款用途仅限于住房领域。（2）储蓄奖励。每月向储蓄银行存款的中低收入阶层，通过政府贴息给予高于基准利率的储蓄奖励。（3）合作建房奖励。通过住房储蓄银行进行的合作建房贷款，住房储蓄银行在规定额度上可再追加一定比例的贷款，政府对项目资本金部门的贷款利息予以减免。

值得注意的是，设立住房储蓄银行需要提防住房风险的国家化问题，避免走上美国"两房"的老路进而诱发系统性金融风险。2015年11月公布的《住房公积金管理条例（修订送审稿）》提出"允许发行住房公积金个人住房贷款支持证券"，为将来的住房储蓄银行扩充资金来源创造了有利条件。但是地产项目的资产证券化，一旦放松风险管控，就可能引发局部乃至系统性的金融风险和房地产危机。

4. 完善配套的土地政策

根据1992年颁布的《城镇住宅合作社管理暂行办法》第14条相关规定："合作建房可不受固定资产投资规模的限制，其所需要建设指标和建筑材料要列入地方年度计划，土地管理部门要及时划拨建设用地。"但在实践中，并无地方政府执行该政策为合作建房提供便利。对于住房合作社的建设用地，其性质是公益性和保障性的住宅用地，应参考经济适用房用地行政划拨的方式，坚持同样以行政划拨的方式向住房合作社出让土地，以降低住房合作社的拿地成本。

如前文所述，目前土地出让面积过大，不符合住房合作社的资金条件和开发能力。借鉴发达国家经验，可将整块待开发土地化整为零，分块开发。这种开发模式下，**避免了大规模开发导致融资困难和工程量过大的问题。项目可以较小的资金规模启动并以较快的速度开发，小区的规模和房屋户型更为多样化，适合住房合作社民间资本力量小而灵活的特点。**

土地区位对于住宅影响较大。选址应坚持方便中低收入群体通勤、降低生活成本、减小社会贫富差距、促进社会群体融合的原则。地方政府在选定项目住房合作社时，应通盘考虑住房的位置、交通通达性、基础设施建设、周边商业设施等因素。在工作区、商业区附近的交通便利处，选定区块作为合作建房项目地块，并在后续规划中陆续部署医院、学校、商城等基础建筑，以达到方便居民生活和就业的目的。

区位的不同造成地价的不同，而贫富阶层对地价承受能力不同，易产生贫富群体分隔居住的情况，使不同收入群体间缺乏交流，加重心理上的分隔，引发贫富矛盾，不利于社会稳定。为避免在住房合作社项目用地加重贫富分隔居住问题，可以通过在高档住房小区内拨出小面积的土地供住房合作社建房使用的办法，使中低收入群体与高收入群体居住在同一地域内，促进不同群体间交流。

5. 实行税收优惠政策

政府可通过财政、税收等间接的经济手段引导金融机构向住房合作社倾斜，加强对合作建房的信贷和资金支持。

其一，减免税费。首先住房合作社定位于非营利组织，不必缴纳企业所得税。同时，政府应通过税收减免相关税费让利住宅合作社，如减少营业税、印花税、契税、交易手续费等，并免除房产税。对于参与住房合作社建设的专业化企业，如服务于住房合作社的设计公司、施工单位、原材料提供商，减少增值税税率。通过降低税费吸引企业力量参与合作建房建设，以鼓励合作建房专业化企业的发展。

其二，抵扣税费。对中低收入群体的合作建房的资金投入可用于抵扣个人所得税，以激发更多的中低收入群体加入住房合作社的动力。

对于建设企业，参照美国1986年推出的低收入住房返税计划，规定：任何公司或者REITs，如果投资于符合一定建设标准的住房，政府将在10年内返还占整个工程造价4%的税费，减免额在10年内分期返还。该计划将税收抵免额度分配给开发商，大幅降低了开发成本，吸引投资者参与低收入群体住宅项目与其对应的REITs，该政策既促进了保障性住宅的建设也促进了保障性REITs的发展。该计划开始后的十年内，美国共有80万套保障房投放市场。我国可以对于投资建设住宅合作社住房的建筑商，根据工程量，在若干年内将税收抵免额度分配给建筑商，以此降低合作建房开发成本。

房地产建造领域流程复杂，专业化程度高，住房合作社自身缺乏专业知识，对于造价管理、建筑成本及建筑质量控制等能力十分有限，单单依靠住房合作社自身的力量，容易导致不经济和低效率。住房合作社需要各专业化房地产企业的参与，但合作建房利润率较低，需求复杂，有必要培育专门从事合作建房的配套产业，从供给端进行改善来服务住房合作社。为激励设计单位、建设企业、建材企业进入合作建房市场，与住宅合作社对接形成合作关系，政策上可部分减免专业从事合作建房公司的部分企业所得税。

6. 构建住房合作社的管理机构

在中国现有行政编制基础上，建立一套中央、省级和地方的三级住房合作社管理监督体系，协调各部门自上而下地出台和制定相关法律法规以及配套政策来推动住房合作社工作。中央层面设立住房合作总社负责总体规划，住房和城乡建设部负责制定住房合作社整体运行框架和相关政策的制定，省级层面设立相应的分社负责辖区内合作建房项目的规划和土地利用方案，并对地方住房和城乡建设部门的住房合作社项目开展指导监督工作，根据地方上报申请的情况，提出地方的工作计划和财政预算。同时，加强政府相关部门协作，强化政府服务意识，搭建信息共享平台，确保合作建房的审批、监管及时、公正。

地方住房合作社管理部门其主要工作职能包括：（1）遴选住房合作社入社资格名单，并对申请名单的信息进行核实，确保入选资格名单的人选均为符合条件的中低收入群体；（2）组织中低收入群体选择合作社项目，及时通过信息系统维护更新合作社项目信息；（3）指导住房合作社的筹备、成立与选举，在住房合作社成立之初在筹备流程上进行指导帮助住房合作社按照相关规定成立并运行；（4）监督住房合作社的资金流动，对于住房合作社的资金使用情况进行监督；（5）审查住房合作社的设计方案，避免面积过大、设计超标和结构不合理等情况出现；（6）协调财政、国土、民政等部门，尽量排解合作建房中遇到的政策性障碍。

通过详细透明的法律制度、严格细致的审计规则和科学合理的机构设置，一方面使住房合作社具有一定的经济独立性和多样性，允许保留可能的盈利用于将来房屋的管理与维护；另一方面，使住房合作社这一非营利性机构能够承担更多的社会责任，发挥非营利机构在住房保障方面的重要作用，最大限度地避免权力寻租的发生。

7. 加强宣传沟通

一套新体系、新机制、新办法的推广和执行，离不开有效的宣传和社会的理解。

一是利用大众传媒向社会各界阐明保障型合作建房的意义、优势和政策，争取让更多的中低收入群体参与住房合作社，并调动各方人力、资金和技术投入合作建房，使其充分发挥自组织优势。

二是建立住房合作社信息平台实现了高效透明的信息公开，方便申请人查找在筹备或在建的住房合作社项目、建设进度、参与资格、区位条件等信息。就我国情况而言，住房合作社项目的参与标准、地段、申请人的资格获得情况、项目审计情况、合作建房计划和年度报告，需及时在大众传媒上进行公开，以加强社会公正参与和监督，争取社会支持。

9.6 本章小结

任何社会的发展都是由一个效率到公平，再由公平到效率的动态制衡的发展过程。市场机制培育的"效率优先"的发展策略是基于住房市场发展的初期，住房生产力水平低下，住房市场发育程度很低为前提。但当住房市场发展到一定阶段时，住房的公平问题便会凸显。住房市场的发展不能因为公平而忽略效率，也不能为了效率而放弃公平，效率是实现公平的必要手段，因为住房公平问题的解决最终取决于住房生产效率的提高和住房政策的调整。此时，应及时调整住房政策，避免住房公平问题阻碍经济发展和社会稳定。

保障型合作建房从中低收入家庭对住房需求出发，社员们以信任与合作为基础共同构建自我协调机制，这种机制是最自然、成本最低而收益最高的自组织协调机制。它提前确定未来住户对区位、户型及偏好的要求，社员参与设计、资金筹备、建设施工、监督管理再到后期维护等环节，最大限度地发挥个人改善自身住房条件的积极性。同时，合作建房也极大地减轻政府在保障房建设支出方面的财政负担。这种在不增加保障房财政支出的情况下，提供了更加符合保障对象的住房需求，从而提高社会福利水平，实现"帕累托最优"。因此，在我国推行保障型合作建房是对现行保障房供给方式的一种良性补充和替代，也是我国房地产市场调控的一种有效手段。

参考文献

[1] [日]野口悠纪雄. 周刊东洋经济临时增刊, 近代经济学系列[J]. 1987年第11期.

[2] [法]皮凯蒂. 21世纪资本论[M]. 巴曙松等译. 北京：中信出版社, 2014.

[3] [美]纳西姆·尼古拉斯·塔勒布. 黑天鹅[M]. 万丹译. 北京：中信出版社, 2008.

[4] [日]野口悠纪雄. 战后日本经济史[M]. 张玲, 后浪译. 北京：民主与建设出版社, 2018.

[5] 王凯, 陈明等. 中国城镇化的速度与质量[M]. 北京：中国建筑工业出版社, 2013.

[6] [英]阿代尔·特纳. 债务和魔鬼：货币、信贷和全球金融体系重建[M]. 王胜邦, 徐惊蛰, 朱元倩译. 北京：中信出版社, 2016.

[7] 卓贤. 金融膨胀与中国经济转型[R]. 北京：国务院发展研究中心发展战略和区域经济研究部, 2018.

[8] 张颖, 丁妍. 人口红利推高中国房地产价格了吗?——驱动机制及其实证检验[J]. 北京工商大学学报（社会科学版）, 2015, 30（01）：109-117.

[9] 周彬, 杜两省. "土地财政"与房地产价格上涨：理论分析和实证研究[J]. 财贸经济, 2010（08）：109-116.

[10] 张双长, 李稻葵. "二次房改"的财政基础分析——基于土地财政与房地产价格关系的视角[J]. 财政研究, 2010（07）：5-11.

[11] 叶光亮, 邓国营, 黎志刚. 个人住房贷款行为与房贷调控的有效性分析[J]. 经济研究, 2011, 46（S1）：105-115.

[12] 张新生. 房地产税费转型改革思考[J]. 理论探索, 2011（03）：73-76.

[13] 贾康. 再谈房产税的作用及改革方向与路径、要领[J]. 国家行政学院学报, 2013（04）：35-41.

[14] 徐振宇, 于欣. 谈土地资源行政性配置与房价上涨的制度供给影响[J]. 商业经济研究, 2015（04）：108-110.

[15] 方豫清. 分权体制、土地财政与我国房地产市场调控[J]. 当代经济, 2011（23）：76-77.

[16] 链家研究院. 租赁市场系列研究报告[EB/OL]. http://www.sohu.com/a/132392004_610227, 2017-04-06.

[17] 华夏, 朱启兵. "租售同权"影响几何[J]. 中国经济报告, 2017（10）：63-66.

[18] 黄燕芬, 王淳熙, 张超, 陈翔云. 建立我国住房租赁市场发展的长效机制——以"租购同权"促"租售并举"[J]. 价格理论与实践, 2017（10）：17-21.

[19] [奥]路德维希·冯·米塞斯. 货币、方法与市场过程[M]. 戴忠玉, 刘亚平译. 北京: 新星出版社, 2007.

[20] 杨小凯, 张定胜, 张永生, 李利明. 经济学: 新兴古典与新古典框架[M]. 北京: 社会科学文献出版社, 2003.

[21] Menger, Carl. Principles of Economics. NewYork:. New York University Press. 1871.

[22] 翟东升. 中国为什么有前途: 对外经济关系的战略潜能[M]. 北京: 机械工业出版社, 2010.

[23] Coase, R. H. The Nature of the Firm. Economica, 1937（4）: 386-405.

[24] [英]约翰·梅纳德·凯恩斯. 就业、利息和货币通论[M]. 北京: 商务印书馆, 1999.

[25] Antion E. Murphy: John Law. Economic Theorist and Policy-Maker. New York: Oxford University Press, 1997.

[26] Richard Sylla. Financial Foundations: Public Credit, the National Bank, and Securities Markets, in Douglas A. Irwin and Richard Sylla, Founding Choices: American Economic Policy in the 1790s. University of Chicago Press. 2010.

[27] [美]约翰S. 戈登著. 伟大的博弈[M]. 祁斌译. 北京: 中信出版社, 2011.

[28] Paul Romer. The Trouble With Macroeconomics[EB/OL]. https://paulromer. net / the-trouble-with-macro, 2016.

[29] 费孝通. 乡土中国[M]. 上海: 上海观察社, 1948.

[30] 张五常. 张五常: 悼紫阳（附: 1989. 01. 26赵与弗里德曼的对话）[EB/OL]. http://c. blog. sina. com. cn/profile. php?blogid=6a23c5b189001bt4, 1989.

[31] 孙国峰. 信用货币制度下的货币创造和银行运行[J]. 经济研究, 2001（02）: 29-37+85.

[32] [英]凯恩斯. 就业、利息和货币通论[M]. 南京: 译林出版社, 2011.

[33] 范剑勇, 莫家伟, 张吉鹏. 居住模式与中国城镇化——基于土地供给视角的经验研究[J]. 中国社会科学, 2015（04）: 44-63+205.

[34] OECD(2015). Revenue Statistics Database. Paris: OECD.

[35] Almy, Richard(2013). A Global Compendium and Meta-Analysis of Property Tax Systems. Lincoln Institute of Land Policy Working Paper.

[36] Bird, Richard and Enid Slack, eds. (2004). International Handbook of Land and Property Taxation. Cheltenham, UK: Edward Elgar.

[37] Lerman S, et al. The effect of the Washington metro on urban property values[J]. CSReport no. 77-18, Center for Transportation Studies, Massachusetts Institute of technology, 1977.

[38] Oates W E. The effects of property taxes and local public spending on property values: an empirical study of tax capitalization and the Tiebout hypothesis[J]. Journal of Political Economy, 1969, 77(6): 957-971.

[39] McFadden D. Modelling the Choice of Residential Location[J]. Cowles Foundation Discussion Papers 477, Cowles Foundation for Research in Economics, Yale University, 1977.

[40] Ben-Akiva, M. and J. L. Bowman. Integration of an activity-based model system and aresidential location model[J]. Urban Studies, 1998, 35: 1131-1153.

[41] Guo, J. Y. and C. R. Bhat. Operationalizing the concept of neighborhood: Application to residential location choice analysis[J]. Journal of Transport Geography, 2007, 15(1): 31-45.

[42] Kim J, et al. The Intention to Move and Residential Location Choice Behaviour[J]. Urban Studies, 2005, 42(9).

[43] 温海珍等. 城市教育配套对住宅价格的影响：基于公共品资本化视角的实证分析[J]. 中国土地科学, 2013[1].

[44] 黄勇等. 美国大都市区的发展与管理[J]. 发展规划研究, 2013[77].

[45] 游宁龙等. 日本首都圈整备开发和规划制度的变迁及其影响——以广域规划为例[J]. 城乡规划, 2017[2].

[46] 国务院发展研究中心课题组. 东京都市圈的发展模式、治理经验及启示[R]. 中国经济时报, 2016-08-19.

[47] 鞠立新. 从国外经验看我国城市群一体化协调机制的构建——以长江三角洲城市群一体化协调机制建设为例[A]. 上海市经济学会学术年刊. 2010-10-01.

[48] 王郁. 日本区域规划协调机制的形成和发展——以首都圈为例. 规划师, 2005, 10[21]：112-114.

[49] Regional Plan Association(RPA). One New York：The Plan for a strong and Just City 2015

[50] 英国交通部. TSGB0106：People entering central London during the morning peak, since 1996.

[51] 孙洪涛. 东京都市圈轨道交通对京津冀城际铁路规划的启示[J]. 中国铁路, 2015-07.

[52] 李前喜等. 东京都市圈的轨道交通框架构成及输送能力分析[J]. 物流技术, 2008, 27[12].

[53] 新加坡陆路交通局Land Transport Authority（LTA）. Land Transport Master Plan（LTMP）2040.

[54] 张敏. 全球城市公共服务设施的公平供给和规划配置方法研究——以纽约、伦敦、东京为例[J]. 国际城市规划, 2017, 5（11）：1-13.

[55] 周永根. 美国社区管理与服务设施配置及其标准体系研究——以纽约为例[J]. 城市学刊, 2017, 38（03）：53-59.

[56] 东京都统计局, 2017年度学校基础统计（学校基础调查报告）；筑波市政府网站

[57] 顾亚明. 日本分级诊疗制度及其对我国的启示[J]. 卫生经济研究, 2015, 32

(3): 8-12.

[58] 彭新实. 日本教师的定期流动[J]. 中国教师, 2003（6）: 23-25.

[59] 孙晖, 梁江. 美国的城市规划法规体系[J]. 国外城市规划, 2000[6]: 19-25.

[60] 宋健敏. 日本如何对教育进行补贴[N]. 中国财经报, 2016-03-29.

[61] [英]迈克尔·布鲁顿, [英]希拉·布鲁顿; 于立, 胡伶倩（译）. 英国新城发展与建设[J]. 城市规划, 2003, 127[112].

[62] 中国PPP与日本PFI的几点比较[N]. 中国政府采购网, 2017-10-24.

[63] 北京市交通委员会.《京津冀协同发展交通一体化规划》解读[N]. 前线网, 2017-04-10.

[64] 徐晶晶. 去年北京医院接诊人次破2亿来京患者河北人占1/4[N]. 北京晨报, 2014-04-16.

[65] 北京交通发展研究院. 2017北京市交通发展年度报告[R]. 2017-07.

[66] 孟航. 珠三角超东京成世界最大城市带[N]. 中国城市报, 2015-02-02.

[67] 吴彤. 自组织方法论研究[M]. 北京: 清华大学出版社, 2001.

[68] 方敏, 仇保兴. 自组织理论视角的我国住房保障建设新模式研究[J]. 城市发展研究, 2016, 03: 21-24.

[69] 张永岳, 谢福泉. 房地产企业参建保障房的利益驱动和主要风险[J]. 科学发展, 2011, 11: 63-67.

[70] 邹益华, 周云. 英国"房协"模式特色及借鉴设想[J]. 现代物业, 2003, (12): 58-60.

[71] 尹珊珊, 迟方旭, 尹彦芳. 国外合作建房对中国相关制度建立的借鉴意义[J]. 消费导刊, 2007, (02): 22-23.

[72] Building, Societies, Association. Building society assets[EB/OL]. https://www.bsa.org.uk/information/consumer-factsheets/general/building-society-assets.

[73] 朱国玮, 莫小景. 个人合作建房者参与动机研究[J]. 财经理论与实践, 2008, 03: 100-103.

[74] Granovetter, M. Economic Action and Social Structrue: The Problem of Embeddedness. American Journal of Sociology, Vol191(1985), 481-510.

[75] 丘浔. 均衡公平与效率——中国快速城镇化进程中的房地产市场调控模式[M]. 北京: 中国建筑工业出版社, 2012.

后　记

　　拥有合适的住房及服务设施是一项基本人权，通过指导性的自助方案和社区行动为社会最下层的人提供直接帮助，使人人有屋可居，是政府的一项义务。

　　　　　　　　　　　　　　　　　　　　　　——联合国，人类住区温哥华宣言，1976

　　"衣、食、住、行"，自人类社会存在起就是永恒的主题，无论是满足基本的生存需要，还是提高生活质量，使"生活更美好"，都无法绕过这几个方面。其中，居住在吃穿基本解决后便是民生的首要。"住"以其独特的属性，成为这几个方面中最重要又最难以满足的一个方面。城市化启动后，由于人口持续向城市聚集，住的问题显得尤为突出，特别是中国进入诺塞姆曲线所表达的快速城市化阶段后，人口大规模向城市迁移，城市住房矛盾变得愈发尖锐。

　　我国40多年来的改革开放和城镇化发展，使得城镇住房数量得到了较快发展，广大人民群众的住房条件得到了极大改善。然而，与大、中城市快速的人口增长相比，住房特别是普通住房的建设、供应相对滞后，市场机制引发了住房的分配不均。多地区房地产市场出现了过高的房价收入比，其数值远远超过了联合国统计的世界房价收入比平均值和中位数。根据历史经验，过高的房价收入比会导致出现"明斯基时刻"（金融不稳定假说），20世纪80～90年代的日本和2008年的美国，均是由于中央政府鼓励投资房地产、银行的低息政策、金融衍生品的发展以及银行对风险防范意识的降低等，导致房地产市场杠杆过高，最终引发了波及全球的系统性金融及经济危机。同样的情况也发生在新加坡、中国香港、迪拜等国家和地区身上。事实证明，所谓的投资需求可以支撑一个地区房地产发展的论点是不成立的。

任何事物都有其内在的发展规律，任何商品都有其内在的合理价值，脱离了内在价值的价格泡沫，迟早是会破裂的。值得注意的是，当前我国的房地产市场出现的一些现象，包括银行资金的大规模进入，房价预期只涨不落，企业抽调生产经营资金参与房地产投资等，与日本、美国在房地产过热时期呈现的一些特征类似，需要引起决策者和市场参与者的高度警觉和深刻反思。

鉴此，我国房地产市场调控的长效机制建立必须与国家宏观经济环境、住房市场供需、资本流动、住房供给结构、土地供给制度和地方政府责任清单等挂钩，尤其是当前我国进入城镇化的中后期，人口城镇化的新阶段和经济结构的更新期。据最新大数据分析，全国约有180多个城市人口在持续减少，这意味着过去管理有效的房地产调控政策都正在失去效力，再加上当前中美贸易摩擦可能触发房地产暴跌而引发系统性金融风险的可能性，正确编制和适时出台房地产市场调控长效机制就显得尤为重要。

为实现我国房地产市场的长期稳定发展，在金融方面应坚持宏观审慎的原则，设立房地产投资信托基金（REITs），鼓励社会力量参与公共基础设施建设并发展租赁市场。在财税政策方面，积极推进房地产税制体系改革，拓宽税基，因地制宜，分步推进，以达到精准扼制"炒房"的目的。在土地政策方面，应合理规划住宅用地供应指标，划定明确的使用方向和边界，着重解决地方政府土地财政依赖问题，缓解我国土地供需错配。同时，引入城市土地空间分层和混合利用模式，坚持紧凑型和TOD的城市规划发展方式。对于"城中村"和"小产权房"进行改造，完善住房供给制度，坚持"低端有保障、中端有支持、高端有市场"的差别化原则，同时通过实现教育、医疗、交通出行以及公共服务基础设施的合理配置，以保障型合作建房的模式促进我国房地产市场的公平与效率。

总之，我国"房地产调控长效机制"的编制绝不是一次性的顶层设计，而应是以"纲要"的形式指明"机制"变革的若干原则和方向，以利于基层政府开展创造性的探索，自适应式地、"自下而上"渐进式地形成系统成功的经验、作法、案例和法律法规。